新版
言外の意味
（上）

開拓社
言語・文化選書
1

新版

言外の意味

(上)

安井 稔 著

開拓社

はしがき

　本書は,『言外の意味』(研究社出版,1978年)の改訂新版である。このたび,「開拓社言語・文化選書」として,装いを新たに,上下2巻本で,ふたたび,出版される運びとなった。
　「言外の意味」というのは,言語形式の,文字どおりの意味ではない意味のことである。ことばの文字どおりの意味を言内の意味と呼ぶなら言内の意味自体,きわめてとらえにくいものである。が,ここにいう言外の意味となると,さらにいっそうとらえにくくなる。けれども,それは,とらえられないものであるのではない。われわれは,毎日,言外の意味を理解しながら言語生活を送っているという経験的事実があるからである。
　この問題を,少しでも原理的に考えてゆこうとすると,どこから手をつけてよいか分からないようにさえ思われるほど複雑にからみ合っている糸を,丹念に,一つ一つ解きほぐしてゆかなければならなくなる。たとえば,まず言外の意味というのはどういう場合に動員されるものであるかという語用論的側面がある。言外の意味を担う表現というのは,それとはっきり言わない表現であるから,丁寧な表現,ほのめかしやアイロニーなどを含む間接的な表現,メタファーを中心とするさまざまな修辞的表現などが,みな,入ってくることになる。
　さらに,もっと一般性のある,もっと原理的な問題としては,言外の意味というような問題が,どうして存在するのかということ自体が問われなければならないであろう。ずばりと言えばよい

のに，なぜ言わないのか。ずばりと言えないから言わないのか。言えるのに言わないというのであるなら，それはどうしてなのか。言えないから言わない場合と，言えるのに言わない場合とがあるのなら，両者の間には，どういう違いがあるのか。こういう事柄を，特定の個々の問題としてではなく，一般化の可能な問題として考えてゆくことはできないであろうか。個々の問題は，個別的な事例としてではなく，一般化を例証する事例として扱うという考え方でとらえてゆくということはできないであろうか。

　問題をさらに掘り下げてゆくと，そもそも，言外の意味というのは，どうして成立しうるのかという問題に突き当たる。われわれは，「言外の意味をくむ」とか「言外に匂わせる」などの言い方を平気で用いるが，言外の意味というのは，定義上，言内の意味ではないものである。言内の意味というのは，その表現形式が，ある意味では恣意的に，しかしながら，固有のものとして，もっている意味である。dog なら，概略，「いぬ」，child なら「子ども」に当たる意味内容が，それぞれの語の，言内の意味である。言外の意味ということであれば，これらの語が，固有の言内の意味としてはもっていないはずの意味である。ことばは，それが，本来，固有にもっていると考えられる意味を表すためにこそ存在しているものではないのか。どうして，そういう，自分の，いわば，本務ともいうべきものをほうり出して，言外の意味などという余計なおせっかいめいたことをする仕儀となりうるのか。

　現実には，もちろん，言外の意味というのは，存在している。それは，われわれ自身がよく承知しているところである。そうなると，通例の言語形式と，それがもっている言内の意味を手掛かりとして，言外の意味を計算する方法も，なんらかの形で，存在

していなければならないことになる。この，言内の意味と言外の意味とを，一般性のあるどのような方式で結ぶか，ということが，本書の中心課題を成している。

　改訂という機会を与えられたのを幸い，わたしは，ゆっくり時間をかけて，原著を再読してみた。ついでに，原著刊行の際，多くの友人，知己から寄せられた誤記，誤植の指摘，感想や疑義を含む書翰のたぐいまでにも，すべて，目を通した。特筆しておくべきは，國廣哲彌氏からいただいたコメントである。具体的，かつ，詳細なもので，まことに，ありがたいものであった。この改訂版においても，できる限り参考にさせていただいた。が，最終的な責任が著者自身にあることは，いうまでもない。

　再読の際，最も気がかりであったのは，ほぼ30年という歳月の間に，原著の内容が学問的にみて古くなってはいないか，という点であった。けれども，結論だけというとなれば，それは杞憂であった。とはいっても，それは，しょせん，個人的な見解であるにすぎず，最終的には，読者諸賢の判断を仰がなければならない。

　このような判定には，二つの面がかかわっているように思われる。一つは，「言外の意味」という題材の面であり，もう一つは，その叙述様式という面である。

　まず，題材的にみるとき，「言外の意味」というのは，決して古くなることのないトピックなのである。それは，千変万化する多様な形で毎日生じている問題であり，とらえがたいがため，なおいっそう，その解法が求められるという問題であるからである。

　叙述様式に関する面というのは，本書に一貫してみられる叙述のスタイルということである。最初の１行が与えられると，そこから，論理的に糸を紡ぎだし，さらに，紡ぎだされる糸をつな

ぎ合わせ，より合わせることによって，織り上げていったものである。それは，自分の心がみつめている対象を，心の動くままに，写していったものであり，その限りで，古くなりにくい特性をもっているように思われる。

　もう一つ，読み返して気づくのは，欧米の諸学者と意見を異にしている場合が，予想以上に多くみられるという点である。特に力むということもなく，淡々と，ものいいができているのが，心地よく感ぜられた。意見を異にするという場合，相手の側にも，相応の言い分があるということは，当然，予想されるところである。中には，相手側の言い分に対し，もっとスペースをさき，もう少し詳しく，説明を加えるべきであると思われた箇所も，いくつかあった。が，考えた末，それらの箇所も，ほとんど，原著のままとした。そのほうが，著者自身の論旨は，たどりやすく，それに対する異論の存在は，問題の性質上，当然，予想されるところであると考えたからである。

　この改訂新版を準備するに際しては，校正作業を含め，秋山怜君のお世話になっている。また，原著，および，加筆部分の音訳テープを作成してくださった酒井圭子さん，熊岡まみさんの助力も，身にしみてありがたいものであった。版権譲渡に関しては，研究社出版部長吉田尚志氏から行き届いた御配慮をいただいている。また，この改訂新版の出版自体は，そのすべてを，開拓社編集課の川田賢君の力業に負うている。ここに記して，これらすべての人々に心からの感謝を捧げる。

　2007 年 6 月

　　　　　　　　　　　　　　　　　　　　　安井　稔

目　　次

はしがき　　*v*

第 1 章　言外の意味は求められないか …………………　*1*
第 2 章　言語的コンテクストとのかかわり …………………　*9*
第 3 章　非通常意味と慣用的言外の意味 …………………　*19*
第 4 章　非慣用的言外の意味 …………………………………　*27*
第 5 章　ずれの度合い …………………………………………　*35*
第 6 章　言外の意味算定の基礎 ………………………………　*43*
第 7 章　言外の意味算定の実際 ………………………………　*51*
第 8 章　会話の作法とその違反 ………………………………　*59*
第 9 章　意図的な作法違反の意味 ……………………………　*69*
第10章　内と外との間 …………………………………………　*77*
第11章　言外の意味としてのメタファー ……………………　*87*
第12章　メタファー解法の第一段階 …………………………　*95*
第13章　メタファーと選択制限違反 …………………………　*105*
第14章　意味あり，形を求む …………………………………　*113*
第15章　選択制限違反のないメタファー ……………………　*127*

参考文献 …………………………………………………………　*137*
索　　引 …………………………………………………………　*141*

下巻目次

第16章　言語の束縛を解く
第17章　メタファー解法の第二段階
第18章　メタファーはどこまで分かるか
第19章　メタファーは語のどこが担うか
第20章　メタファーに対する誤解
第21章　共感覚とメタファー
第22章　共感覚表現におけるアイコン
第23章　死なないメタファー
第24章　アイロニーへの道
第25章　アイロニーの条件
第26章　アイロニーの否定
第27章　言外の意味と否定
第28章　首尾一貫性の原理
第29章　連結されたあいまい文における首尾一貫性
第30章　言外の意味と首尾一貫性

第 1 章

言外の意味は求められないか

言語形式の意味というのは，単にその言語形式の中に含まれている意味に限られているわけではない。実際は，その言語形式の中に含まれている意味とは何と何であるのかすぐ問題になってくるが，ここでは，一応，チョムスキーの拡大標準理論の考え方にならって，言語形式には単語の意味とか，その単語の意味を結びつけるために必要となってくる深層構造の文法関係とか，さらには，表面的な構造から得られる意味情報などが含まれていると考えることにしよう。そうすると，またすぐに，今度は，文法関係とか単語の意味とか表面構造からの意味情報とかいうのは何であるかということが問題となってくる。これらの問題についても，論ずべきことは多いが，ここでは，あまり立ち入らないでおくことにする。

　そうしておいて，こういう，言語形式の中に含まれているのではないほうの意味というのは，いったい何であるのかと問うなら，それは，言外の意味というものであるとしてよいであろう。言外の意味というのは，ことばに表されていない部分の意味であると辞書などでは説明されており，それに違いはないのであるが，そうであるとすると，問題となってくることが二つあるように思われる。一つは，言外の意味はどこにあるのかという問題であり，もう一つは，言外の意味は，いったい，求めうるものであるかどうかという問題である。

　言外の意味はどこにあるのかという問題に直接的な答えがあるかどうか明らかではない。が，それは，この問題が考えるに値しないことを意味するものではない。むしろ，紛れが多いので，明

らかにすることができる部分だけでも明らかにしておくべきであると思われる。言外の意味はどこにあるかという問いに対する最も素朴な答え方は,「言語表現の外側」と答えることであろう。言語表現の外側のどこであるか,ということになると,さまざまな問題が生じてくる。しかし,ここでは,二つの面にしぼって考えてみることにしたいと思う。一つは,言語表現の外側といっても,そのほとんど無限の広がりをもつ空間のどこででもよいというのではないという面についてであり,もう一つは,その所在測定は何によって限定を受けるかという面である。

　もちろん,これら二つの面は密接な関係をもっている。が,第一の面のほうは,ほとんど自明であるといってもよいであろう。ある言語表現に,ある言外の意味が含まれているという場合,その言外の意味というのは,その言語表現の中に含まれている意味以外のものならなんでもよい,ということはないからである。言外の意味と対立する,言語表現の中に含まれている意味を,便宜上,言内の意味と呼ぶことにしよう。そうすると,言外の意味は,定義上,言内の意味の中には含まれないが,さりとて,言内の意味以外のところなら,どこに求めてもよいというわけのものではないということである。それなら,言内の意味以外のところの,どこを捜せばよいのであろうか。その所在をもう少し局限し,測定することは,まったく不可能なのであろうか。ここで,最終的な結論の見当をつけておくとすれば,言外の意味の100パーセント明確な測定は,ほとんど常に不可能であるが,一定の範囲内における近似値的測定をすることが常に不可能であるわけではない,というようなことになるであろう。

　それなら,どうして,言外の意味というのは,一定の範囲内の

ものであって，無限定のものではないのであろうか。さまざまなことが考えられるけれども，どうしても除外することのできない要素として，まず挙げなければならないのは，話者の意図（intention）という要素であろう。上では，言外の意味の近似値的測定というような言い方をしたが，測定というのであれば，それは，聞き手の立場からの考察であることになるであろう。また，ここで，意図という視点を持ち出すのなら，それは，話し手の立場からの考察であることになるであろう。もちろん，聞き手の立場というのは，話し手の立場の存在を前提としているものであるから，聞き手の立場からの考察というのは，聞き手の立場からの，話し手の立場の考察であるということになるであろう。ある程度同じことは，話し手の立場からの考察についても考えてゆくことができると思われる。

　以上，言外の意味はどこにあるものであり，それは，どのようにして求められるかということをいろいろ考えているうちに，同じ現象を，いわば，表と裏から眺めることになったと思われる。つまり，言外の意味の測定というのは，裏から見れば，話し手の意図の測定ということになるであろう。言外の意味の所在は，何によって限定を受けているかという問いに対して，それは話者の意図によってであると答えるなら，それは，やはり，視点を聞き手の側から話し手の側に移すからである。が，もちろん，それは，問題の解決を意味するものではない。むしろ，話者の意図という新しい座標軸に基づいて，同じ問題を新しく問い直す必要の生じたことを意味するであろう。

　すなわち，一つは，ある言語形式を用いる場合，話者の意図は何ででもありうるのかという問題であり，もう一つは，話者の意

図が何ででもありうるのではなくて一定の限定があるとすれば，それは何によっているのであるのかという問題である。これらは，決して自明ではない大きな問題である。まず，ある言語形式を用いる場合，話者の意図は何ででもありうるという主張から検討してゆくことにしよう。こういう主張をすることは一見，不可能のように思われるかもしれないが，そうではない。たとえば，Ziff (1972) は，まさに，そういう主張をしているのである。

具体的な例を少し検討してみることにしよう。テニスに誘われた人が，(1) あるいは (2) のように答えたとしよう。

(1)　I have work to do.
　　　（仕事があるんだ。）
(2)　Do I look an athlete?
　　　（ぼく，運動家に見えるかい。）

これらの表現の言外の意味が No. に等しいものであることに，通例，異議をさしはさむ人はいないと思われる。が，(1) の文が，Yes. を意味することは，決してないのであろうか。Ziff (1972: 711, 713) はあるというのである。たとえば，つむじ曲がりで，ほかにしなければならない仕事があるときにだけテニスを喜んでするという癖がある人の場合，(1) は Yes. を意味するという。同じ論法で，(3) のように答えた場合も，

(3)　It is snowing in Tibet.
　　　（チベットでは雪だ。）

Yes. を意味することは可能である，と Ziff は述べている。こうした Ziff の考えは，次のような引用箇所に最も明白に示されて

いる。

(4) What is said by implication can be anything at all, other than what is in fact then said in the statement sense. (Ziff (1972: 712))

これは，われわれのことばに換算して述べるなら，要するに，

(5) 言外の意味は，言内の意味以外の何ででもありうる。

ということである。そして，こういう考え方から必然的に導きだされてくる結論は，次のような形のものにならざるをえないと思われる。

(6) 言外の意味の測定は不可能である。

言内の意味と言外の意味をすべて決定するのにあずかっている要因は，「どうにも手のつけられないごたまぜ」(a hopelessly unmanageable motley) であると Ziff (1972: 720) が述べているのは，その所論よりすれば，むしろ，当然のことである。

ここで引き合いに出しておくのが便利であると思われる Ziff の論文がもう一つある。Ziff (1967) で，論文のタイトルから分かるように，Grice の意味に関する論文に対する反駁として書かれたものである。Grice の論文には，きわめて誤解されやすい部分があり，その誤解されやすい部分をまさに誤解して書かれたのが Ziff の論文であると言えるようにも思われる。が，当面の問題からすれば，誤解の種が何であったかということよりも，この反駁論文で何を Ziff が主張したいと思っているかということのほうが重要である。わたしの解釈では，Ziff の論点は，(7) のご

ときものである。

(7) ある言語表現を用いて，話者があることを意図すれば，そのことによって直ちに，その意図がその表現の意味となる，ということはない。

Ziff (1967: 63) の例を用いるなら，たとい，話者が明確な意図，たとえば (8) をもっていたとしても，(9) のような表現の意味を (8) であるとすることはできない，ということである。

(8) It is snowing in Tibet.
(9) Gleeg gleeg gleeg!

わたしは，(7) のような論点に反対する人はいないと思う。Grice にしたところで，(7) によって攻撃されるような説を主張した覚えはないというであろうと思われる。cat というのは「イヌ」のことだと，いわば，念力をかけて発音すれば，cat という語の意味は，まさに，「イヌ」であると主張する人は，いないであろう。が，そうなると，Ziff の考えであるとして述べた (5) と (7) との間に矛盾はないであろうか。矛盾がありそうな気もするが，実際はないと考えてよいように思われる。が，明確に矛盾はないと言い切るためには，条件が一つ必要である。(5) に対して，(10) のような但し書きを付け加えることである。

(10) それが聞き手に理解される限り。

この但し書きは，あまりにも当然であり，自明でさえあると思われるかもしれない。確かに，それは当然である。しかし，自明であるわけではなさそうである。(10) を明確に意識し，理論の

組み立てに際し，常に見失ってはならない定項 (constant) であると考えることによって，たとえば，まず，(1), (2), (3), (8), (9) などに関する Ziff の議論は，かなりその景色が変わってくることが予想されるし，Ziff と Grice の間における一種の行き違いも消失すると思われるからである。行き違いがなくなったあとで残ると思われる，共通の論点は何かというと，次の (11) のようになるであろう。

(11) 話者によって意図され，聞き手に理解されると，話者が思っている言外の意味が聞き手によって理解されないなら，その発話の意味は十分に理解されたということにはならない。

こう述べたからといって，問題が解決されたことを意味するものでは，もちろん，ない。言外の意味の測定や計算法は，残されたままである。が，それをする前に，やはり，片付けておかなければならないことがいくつかある。最も重要なことの一つは，そもそも，それは可能であるのか，ということである。(6) は真であるかということである。結論的に言えば，(6) は正しくないと思われる。なぜかというと，一般論として，われわれには言外の意味をくみ取ることができるという経験的事実があるからである。つまり，われわれは，毎日，めいめい，言外の意味の測定をなんらかの方式で行っているからである。

第 2 章

言語的コンテクストとのかかわり

われわれは，毎日のように，言外の意味を理解しながら言語活動を行っていると言ってよい。誤解するということも，もちろん，ありうるが，伝達ということは，あまり大きな支障なく行われている場合のほうが通例であるとしてよいであろう。したがって，言外の意味は，毎日のように測定されているという事実があるということになる。そういう事実があるというのは，それが可能であるからであるということになってくる。その測定方式が，どれだけ大まかな，ゆるやかなものであれ，測定は，現に，できているというふうに仮定することにしよう。つまり，前章の冒頭において述べた「言外の意味は，いったい，求められるものであるか」という問題に対する答えは，ひとまず，イエスであるということになる。

　そうすると，今度は，その測定方式はどうなっているかということが問題となってくる。が，この問題に入ってゆこうとする際に考えておくべきことが二つあるように思われる。一つは，言内の意味自体の中に見られる，やや相似の現象についてであり，もう一つは，これと関連をもってくるかもしれない，言外の意味と言内の意味との境界は，常に明確でありうるかということについてである。（後者の問題については，第3章を参照されたい。）

　第一の，相似的現象という点から見てゆくことにしよう。言外の意味というのは，問題となっている言語形式が，言内の意味としては「通常はもっていない意味」である。しかし，ある言語形式が，言内の意味として「通常はもっていない意味」をもつということは，言外の意味についてだけ言えることではなく，実は，

言内の意味についても言えることである。やや相似の現象と上で言ったのは，言外の意味の場合も，言内の意味の場合も，ともに，「通常はもっていない意味をもつ」ことがある，という点を指している。言内の意味の場合，このことが取り立てて問題にされることは，あまりないかもしれない。が，その，通常でない意味がどのようにして理解されているかということを見ておくことは，相似であるとした言外の意味を考える際，かなり，参考になってくると思われる。

多くの例を挙げても仕様がないので，Ziff (1972: 717) から一つだけ例を借りることにする。まず，(1) の文の意味は (2) であるとしてよい。

(1) The dog barked.
(2) その犬はワンワンほえた。

同様に，(3) の意味は (4) であるとしてよい。

(3) He barked his shin.
(4) 彼はむこうずねをすりむいた。

問題は，(3) の意味が (5) のようなものであることは不可能であろうか，ということである。

(5) 彼は自分のむこうずねをワンワンほえさせた。

これは，一見，不可能であるようにも思われるが，そうではないと Ziff は言う。(6) の文を参照されたい。

(6) He was a remarkable ventriloquist. First, he made

it seem that the cat was barking. Then he made the parrot bark. Then he barked a monkey, and then a shoe, then his hand, and then he barked his shin.

（彼は驚くべき腹話術師であった。最初に，彼はねこがワンワンほえているようにして見せてくれた。それから，彼は，おうむにワンワンほえさせた。それから，彼はさるにワンワンほえさせ，それから，くつに，それから，彼の手に，それから，彼のむこうずねにワンワンほえさせた。）

　われわれは，(6) の文の意味を，意図されているとおりに理解するのに，なんらの抵抗をも感じないはずである。(3) を (5) の意味に解するのは，不可能ではないかと一方では思いながら，(6) のような場合になると，まったく当然の解釈であると思っていることになる。(3) と (6) とは，どこが違うのであろうか。言うまでもなく，コンテクストがあるかないかという点である。Ziff が (6) の例によって示そうとしているのは，文の意味解釈というものが，通例，その統語構造によって決定される面をもっているものであるにもかかわらず，その統語構造自体，コンテクストという別の要素によって修正されることがある，ということである。Ziff によれば，(6) における barked his shin は made his shin bark の変形体であり，これは，さらに，made it seem as if his shin barked の変形体である。この，変形体という彼の用語が厳密を欠くものであることは明らかであるが，ここでは問わない。むしろ，次の二つの点を問題としておきたい。

一つは，コンテクストがあると，なぜ，通常でない意味に解されうるのであるかということであり，もう一つは，コンテクストがあれば，通常でないどんな意味にでも解されうるかという点である。第一の点に Ziff が与えると思われるのは，首尾一貫性 (coherence) という説明原理であると思われる。その首尾一貫性というのは何であるかというと，Ziff は，なんら説明を与えることをしていない。また，これは，明確にすることがきわめて困難な概念である。けれども，それは，この種の考察においては，避けて通ることを許さない重要性をもつものでもある。ここでは，たまたま，言内の，通常ではない意味との関連において問題となってきたのであったが，考えてみれば，われわれの言語行動の全域にわたって，考慮に入れられるべき因子になってくるであろう。

　たとえば，言内の，通常であるほうの意味の場合にも，それは，当然問題になってくることである。変形文法の中で用いられる選択制限 (selectional restriction) とか，あいまいさの除去 (disambiguation) とかなどに関連する諸問題を提起することが，そもそも，どうして可能であるかと考えてみると，究極的には，この首尾一貫性ということに還元されるのではないかと思われる。また，言外の意味の計算を行う際，この概念がいかに重要になってくるかということは，後ほど述べることになるであろう。このような首尾一貫性という概念を，どれだけ明確に，また，言語学的に有意義な概念として，定義づけることができるか疑問であるが，ここでは，とりあえず，首尾一貫性というのは，次の (7) のようなことを指すものであると理解しておくことにしよう。

(7) われわれの談話は,特別の理由がない限り,1本のレールの上を流れてゆくことが期待されているものであり,途中で,みだりにポイントの切り替えは行わない約束になっている。

しかし,首尾一貫性ということを (7) のように解するとしても,それが,(6) におけるような文の解釈に,どうかかわってくるのかという点は,まだ,明らかであるとは言えないであろう。(7) のような因子が与えられるとどんなことが言えるようになるであろうか。目下のところ,ここでも,かなり漠然としたことしか言えないように思われるが,結論的には,次の二つのような抽象的な場合を想定してよいのではないかと思われる。談話の流れが,A→B→C→X のようになっていたとする。A, B, C によって表されるものが何であるかということは,深く問わないでおき,それは,問題のない既知項である限り,統語的な形式でも,意味的なものでも,話題というようなことでもよいとし,X は,問題のある未処理項であるとしよう。この場合,もし,われわれのこの地球上における(言語的・非言語的)生活様式や思考様式,信念体系などでは,C の次に予期されるのは,特別の理由がない限り,D という項であるということがあるとしたら,その未処理項の値として D (あるいは D と分類されるようなもの) を与えるようにさせるのが,(7) の原理であることになる。

同様にして,もう一つ,A→B→X→D のような談話の流れがある場合,未処理項 X の値として,C が与えられるということになるであろう。既知項と既知項との間に,未処理項があると,その値は,既知項と既知項とを結ぶ線分上に求められるというこ

とである。首尾一貫性ということを上のように考えると，それが広い意味におけるコンテクストに依存しているものであることは明らかであろう。つまり，首尾一貫性という因子が，解釈行動との関連で作動し始めるためには，コンテクストの存在が前提とされなければならないことになる。

　ここでもう一度(6)の文に立ち返り，コンテクストが与えられ，首尾一貫性という因子が作動すると，どうして，(3)が(5)の意味になりうるのかという，Ziffでは放り出されたままになっている点を検討してみることにしよう。ひと言で結論を先にいうなら，余剰性(redundancy)を増すからであるとしてよいのではないかと思われる。厳密な計算は不可能であり，その必要もないと思われるが，ここで余剰性を増すというのは，単に，予測性が増すというほどの意である。余剰性と予測性とは決して同一のものではないが，情報量ということを介して，予測性が増すなら（情報量が小さくなり，情報量が小さくなれば）余剰性は大きくなるという関係は成立するであろう。予測性が最大値1であれば，情報量はゼロで，余剰性は100パーセントであることになるであろう。この場合，その記号は欠落していても，原則的には，情報の伝達には支障がないはずであるとされる。

　たとえば，普通の英語の単語では，qの次には必ずuがくることが分かっているから，qの次のuは欠落していても，意味の伝達ということだけからすれば，支障はない。ある言語形式に，それが通常はもちえない意味をもたせるためには，談話の首尾一貫性という約束に守られたコンテクストを，いわば，積み重ね，問題となっている言語形式の占めている場所が，たとい欠落し，ブランクになっていても，その意図されている意味が，最大値に近

い値で予測できるように仕向けてやればよいことになる。もちろん，実際の文においては，最大値的予測が常に与えられているという保証はない。が，実際の文におけるある言語形式の予測値と，その形式がそのコンテクストにおいて，いわば，負わされている「通常でない意味値」との間には，一定の相関性があると考えられる。

　ある言語形式がもつ「通常でない意味値」の「通常でない度合い」を，「意味的非通常性の度合い」と呼ぶことにするなら，予測性の値の大きさは，意味的非通常性の度合いに正比例しなければならないと言ってよいであろう。ある言語形式に，とてもありそうもないという意味をもたせようと思ったら，これでもか，これでもか，というように，コンテクストのおぜん立てをしなければならないということである。そう思って (6) の文を読むなら，コンテクストのおぜん立てが，実に念入りに行われていることが判明するであろう。(6) における he barked his shin の barked のところは，印刷上のミスで欠落していても，意味の伝達には，まったく事欠かないはずである。

　コンテクストの積み重ねがどのように行われているかということを詳しく見てゆく必要はないと思われるが，barked his shin は made his shin bark ということであり，これは，さらに，made it seem as if his shin barked ということであると，いわば，透けて見える仕組みになっており，統語的にも，こういうことが可能になる，いわゆる純粋自動詞を選んでいる点も注目される。bark の代わりに，疑似自動詞のたとえば eat を選んでいたとしたら，(6) の用例は成立しなくなるはずである。また，コンテクストがあれば，通常でないどんな意味にでも解されうるかと

いう，上で述べた第二の問題は，予測性を最大値にさせるコンテクストは，常に可能であるかという問題と等価であるということも，すでに明らかであろう。

第 3 章

非通常意味と慣用的言外の意味

言語表現は，予測値を最大にさせるコンテクストがあれば，どんな意味にでも解されうる，というように考えてきたが，実際はどういうことになっているのであろうか。予測値を最大にさせるコンテクストは，常に可能であるのだろうか。ある意味では可能であると言ってよいように思われる。たとえば，「次の文の中のdogという語は，andの意味であると仮定しよう」というような特別のコンテクストをもってくれば，Jack dog Jill went up the hill. という発話は，Jack and Jill went up the hill. という意味をもつことになるであろう。

　そうではあろうけれども，それは，あまりにも特殊すぎるというものだ，と思われるかもしれない。が，本当にそうであろうか。確かにdogという語の意味をandであるとするというのは，特殊にすぎるものである。しかし，それなら，dogという語の意味は，どうして，「いぬ」ということでなければならないのであろうか。ここまでくれば，言語記号の恣意性という問題にぶつかるであろう。言語記号が恣意的であるというのは，はじめて接する語の意味は，通例，分からないということであり，その意味を知るためには，辞書のようなものを必要とするということである。

　辞書のようなもの，と言ったのは，辞書であろうとなかろうと，定義的文脈 (defining context) を与えてくれるものであればよいという考えである。辞書の定義に限って言うなら，語義の説明として，真に定義的な文脈を与えてくれるものが優れていることになる。つまり，定義されるべき語が欠落していても，定義的説

明部分から,紛れなく,その語が(知っている人には)分かる仕組みになっている辞書がよい辞書であることになる。たとえば,An ___ is a boy whose father and mother are dead. という枠組みが与えられているなら,その欠落箇所には,紛れなく,orphan という語を入れうるがごときである。

しかし,辞書の世界というのは,一般の言語活動からみれば,やはり,例外的な世界であるとしてもよいであろう。辞書以外で,定義的な文脈というのは,どうなっているであろうか。科学的な論述においては,軸となる概念を表す語を定義しなおして用いることが多い。また,既存の語に新しい意味が,定義上,付与されることも珍しくない。そういう際に,定義的な文脈が数多く提供されていることは疑いない。それにしても,こういう辞書や科学論文における定義的文脈と比べるとき,「次の文の dog は and の意味である」という例が,特殊であり,とっぴであるという感じは,やはり,避けられないであろう。それはなぜか。

わたしは,「言内の意味」の場合について,ある言語形式が,その通常でない意味に解されうるのは,一定のコンテクストが与えられている場合であり,それが,通常でないどんな意味にでも解されうるか,という問題は,予測性を最大値にさせるコンテクストが常に可能であるかという問題であるとしてきたが,こういうコンテクストを,どのような言語形式に関してでも与えるということは,常に可能であるわけではないからであろう。つまり,「次の dog は and の意味であるとする」というのは,理論的には可能であっても,実際には,やはり,論外なのである。それなら,実際に行われている「通常でない意味」は,まったく自由勝手というのではなくて,どれぐらいの自由幅をもつものであるの

だろうか。

　結論的に言えば、この自由幅に特定の具体的数値を与えることはできない。けれども、ある言語形式が、一定のコンテクストを与えられ、通常でない意味をもつに至るとき、その通常でない意味は、通常であるほうの意味と、なんらかの点で、結びついている場合に限られるということは言えるであろう。逆に言うと、通常である意味からまったく切り離された別個の意味内容を、通常でない意味がもつことはないということである。（この点も、「言外」の意味を考える際に、きわめて重要なポイントの一つになってくるであろう。）すでに引いた Ziff からの例についてみるなら、He barked his shin. が、「彼は自分のむこうずねをワンワンほえさせた」を意味する場合、これは確かにきわめて通常でない意味・用法であるといってよいが、この通常でない意味・用法が、bark の、通常である意味・用法「いぬがワンワンほえる」という自動詞用法と、まったく無縁のものでないことは明らかであろう。

　通常でない意味が、通常である意味と、どこかでつながっているという現象は、メタファーの場合が典型的であるが、このことは、皮肉のような、その意図された通常でない意味が、表面的な通常の意味と正反対である場合にも言えることであるとしてよい。それは、ちょうど、たとえば、+3 と -3 とが、正反対の数値であっても、絶対値が等しいということを介して、いわば、つながっているのと平行的であると考えることができるからである。

　もしも、通常でない意味が、通常である意味と、通例、どこかでつながっているものとすると、今度は、そのつながり方の種類

や様式が当然問題となってくるが，これは，むしろ，メタファーの意味論などにおいて，理論的な扱いを受けるべきものであろう (Cohen and Margalit (1972) 参照。なお，第11章以降も参照)。したがって，ここでは，言外の意味の考察にも深い関連をもってくると考えられる次の点に注意しておくことにしよう。まず，実際の言語行為においては，通常でない意味の予測値が最大であることは，例外的な場合を除く限りないとした場合，予測値が最大でない場合を最大である場合から区別しているのは何であるかというと，上で述べたような意味における「つながり」があるかないかという点であると考えられる。

つまり，つながりがあるとされる場合，予測値が最大でないのは，いわばつながりがあるとされる意味の分だけ，予測の最大値から差し引かれることになるからであると考えられる。やや先回りをして，さらに言うなら，言内の意味の場合も，言外の意味の場合も，通常でないほうの意味は，通常である意味を介して得られているということを意味する。これは，この種の議論をする際に，しばしば，見過ごされる点であり，十分な注意が必要であると考えられる。

以上，主として言内の意味に関し，言外の意味の探索に参考となりそうな点を中心としながら，言語形式が「通常でない意味」を持ちうる場合を，一般論の形で考えてきたが，ここで，言内の意味と言外の意味との境界線は，どれだけ明確なものであるかという問題を少し考えておくことにしよう。簡単な例について見てゆくことにすると，まず，(1) の文，

 (1) She was poor but she was honest.

は, (2) のような意味を含んでいる。

(2)　人は，一般に，貧しいと正直ではないものだ。

しかし, (1) の文を発した人は, (2) のような形の文 (の英語版) を「口にした」わけではない。したがって, (2) が (1) の言内の意味であるとすることはできないはずである。同様にして, (3) の文は, (4) の意味を含んでいる (Fillmore (1971) 参照)。

(3)　She is smart for a girl.
　　　（彼女は，女の子としてはよく切れる。）
(4)　女の子は，一般に，切れがよくない。

ついでに，急いで付け加えるなら, (5) の文は, (6) の意味を含んでいる。

(5)　She is not smart for a girl.
(6)　女の子は，一般に，切れがよい。

さらに, (7) は (4) の意味を, (8) は (6) の意味を含む。

(7)　She isn't smart even for a girl.
(8)　She is even smart for a girl.

ある男が，そのガールフレンドについて (3) の発話を行い，それを聞いたガールフレンドが怒って「あなたは，女の子は一般に切れが悪いと言ったそうね」と食ってかかったとする。このとき，その男は，「いや，そんなことを言った覚えはない」と答えることが可能である。彼が口にしたのは，あくまで (3) であって, (4) (の英語版) ではないからである。ここでも, (4) は (3) の言内

の意味ではないとせざるをえないであろう。

　今度は，父親が子どもに，(9) の文を言ったとしよう。

　　(9)　If you mow the lawn, I'll give you five dollars.
　　　　　　　　　　　　　　　　　　　　(Geis and Zwicky (1971))

この文が紛れなく約束しているのは，(10) によって表されている事柄であるとしてよい。

　　(10)　お前が芝を刈って，わたしがお前に 5 ドルあげることをしないということはない。

もし，この場合，芝を刈らないのに，5 ドルを子どもに与えたら，父親は，約束違反をしたことになるであろうか。理屈の上からは，ならないはずである。父親が (9) によって約束しているのは (10) であって，(11) ではないからである。

　　(11)　芝を刈らなければ，5 ドルはあげないよ。

つまり，5 ドルというお金は，芝を刈ること以外の理由に基づいて手に入れることはできないということを，(9) が示しているわけではない。けれども，われわれの日常生活においては，(9) は (11) を含意しているものと受け取るのが普通である。(9) から (11) の推論を行うことを誘われているわけである。

　同様に，一般の日常生活においては，上役から，(12) のような命令，

　　(12)　See that, if he comes, he gets his money.
　　　　　　　　　　　　　　　　　　　　　　　(Cohen (1971))

　　　　　（彼が（仕事に）来たら，金をやるようにしてくれ。）

を受けた会計係が，その雇人に対し，仕事に来なかったにもかかわらず，金を支払ったとすれば，理屈はどうでも，その上役からはしかられるであろう（Cohen（1971）参照）。

　さらに，叙実的（factive）な前提を含むとされる

(13)　Have you stopped drinking?
　　　（君，飲むのやめたの。）

のような質問をされた人が，Yes. または No. と答えて，酒飲みであったことを自ら認めることをいさぎよしとしないのなら，以後の会話は，「まるで，おれが酒飲みだったような言い方をするねえ」「なんだ，それじゃ君が酒飲みでなかったみたいじゃないか」等々のことになってゆくであろう。

　(1) から (13) に至る英文の例は、いずれも、なんらかの方式で、言内の意味ではない意味が関係していると言ってよいと思われる。しかし、これらを直ちに言外の意味であるとしてしまってよいであろうか。言外の意味というとき、それは、もう少し、言内の意味から離れたところにあるとすべきものではないであろうか。

第 4 章

非慣用的言外の意味

言内の意味と言外の意味との境界は常に明確であるかという問題を考えようとして,まず,言内の意味とは考えにくい例をいくつか見てきた。が,それらは,ほんの一部の例であるにすぎない。似たようなことは,さまざまな言語形式にわたって,きわめて多く見られるものである。しかし,そういう例を広範にわたって集めるのが,本書の趣旨ではないので,以下,見本として,さらに,二,三の例を付け足すにとどめる。

　その目的節の内容が真であることを前提とするいわゆる叙実的述語 (factive predicate) の一つである know と,そうでない非叙実的述語 (non-factive predicate) の一つである think とを比べてみることにしよう。

(1) a.　Do you know that John went to the party?
　　b.　Was John glad to go to the party?
(2)　Do you think that John went to the party?

叙実的な述語を含む (1) の場合,質問者である話者は,「ジョンがそのパーティに(喜んで)行ったかどうか」を尋ねているのではない。ジョンがそのパーティに行ったという事実のあることは承知していて,その事実を聞き手が知っているかどうか,あるいは,それをジョンが喜んでいたかどうか,を尋ねているのである。が,非叙実的な述語を含む (2) の場合,そういう事実があると決めてしまうことはできない。[1]

1.　文脈が及ぼす影響をも含め,叙実的述語について,手際のよい概観を与えているものに,太田 (1974) がある。

現在完了形の主語については，いろいろ込み入った問題があるが，比較的簡単な例についてみておこう。

 (3) John has visited Princeton.
   (ジョンはプリンストンを訪ねたことがある。)
 (4) England has produced many great statesmen.
   (イギリスは，多くの大政治家を生んでいる。)

現在完了形の主語によって表されているものは，なんらかの意味で，現在に生きているものでなければならないという制限がある。したがって，(3) の文は，ジョンのプリンストン訪問自体は何年か前のことであって差し支えないが，ジョン自身は存命中でなければ言えない文である。逆に，(3) がまともな文として与えられているなら，われわれは，この文から，John という人物が生存中の人物であることを推論していなければならない。(4) の場合も同様で，イギリスという国家が何人かの傑出した政治家を生んでいるのが過去のことであり，その大政治家の最後の人かと目される人が亡くなってから現在まで 10 年近く，大政治家らしい人が出るに至っていないということがあるにしても，イギリスには，まだ大政治家産出能力があると思われるときに用いられる文である。これが，たとえば (5) のような形をとっているなら，そういう主張は含まれていないことになる (Chomsky (1972a, b)，Quirk and Greenbaum (1973) 参照)。

 (5) England produced many great statesmen.

もう一つだけ，仮定法の例に触れておくことにしよう。(6) のような文は，一般に，仮定法過去完了と呼ばれ，過去の事実に反す

る仮定を表すと言われる。

 (6) If Harry had known that Sheila survived, he would have gone home.
   （もし，シーラが生き残ったことをハリーが知っていたなら，彼は帰郷していたであろうに。）

この場合，過去の事実に反する仮定というのは，何と何であろうか。(6) が真であるとき，(7) と (8) とは，いずれも真であるのか。それとも，真であるのは，どちらか一方に限られるのであろうか。

 (7) ハリーは，シーラが生き残ったことを知っていなかった。
 (8) ハリーは，帰郷しなかった。

結論だけ述べるなら，(6) が含意しているのは (7) だけである。われわれは，一般に，(8) も (6) によって含意されていると思いやすいが，厳密に言えば，(8) の推論は，誘われているだけで，ハリーがまったく別の理由，たとえば，急に親の顔が見たくなったという理由で帰郷する可能性をすべて排除しているのではない (Karttunen (1971) 参照)。

 以上，特定の表現形式によって，いわば，触発された格好で存在してはいるものの，言内の意味であるとは考えにくい例について考えてきた。触発された格好で存在するというのは，とりもなおさず，言自体ではないところにおいて，ということであるのだから，それが言内の意味ではない意味であるとされるのは当然であろう。言内の意味でないのなら，言外の意味であることになる

のであろうか。一応は，そうならざるをえないと考えないわけにはゆかないと思われる。が，それなら，われわれが考えようとしている言外の意味というのは，上で挙げてきたような例に類するものばかりなのであろうかと言うと，もちろん，そうではない。ここで，言外の意味を，まず，二つに分けておくことが必要になってくる。一つは，その言外の意味が，固定化され，一定の型にはまり，いわば，様式化されている場合で，もう一つは，そうでない場合である。

　様式化されている言外の意味は，慣用的な（conventional）言外の意味と名付けてよい。慣用的な言外の意味というのは，ある言語表現が与えられると，そこから出発して，個人的な揺れや飛躍を伴うことなく，一様に到達できるものである。その意味では，なんらかの方式で，たとえば，間接的，補足的な説明的記述の形で，辞書の中に記載してゆくことも可能であると考えられるものである。それが可能であるのは，慣用的な言外の意味が，一応は言外の意味であるとはされても，一定の言語形式や言内の意味と，いわば，直線的に結ばれているからである。そういう角度から考えてゆくと，慣用的でない言外の意味は，慣用的な言外の意味に比べ，場面と結びついている度合いが高いのではないかと思われてくる。そして，おそらくそのとおりであろうと思われる。

　ただし，急いで付け加えておくべき重要なことが一つある。慣用的でない言外の意味は場面に結びついている度合いが高いということは，それが言内の意味と結びついている度合いの低いことを意味するものでは決してないということである。もっと言うなら，言内の意味と結びついていない言外の意味は，（慣用的なものであろうとなかろうと）ないということである。すでに述べる

ところがあったように，言内の非通常的意味が通常的意味と必ずどこかでつながっているのとまったく平行的に，言外の意味は，必ず，言内の意味を介することによってのみ成立していることを，重ねて強調しておきたい。

　以上のように見てくると，言内の意味と言外の意味との境界は常に明確であるかという問題は，言内の意味と慣用的な言外の意味との境界は明確であるかないかという問題と，慣用的な言外の意味と非慣用的な言外の意味との境界は明確であるかないかという問題とに分かれてくることが明らかであろう。それは，結局，言外の意味における慣用性の度合いという問題に帰着することになる。そして，結論的に言えば，すべての場合に，その境界が明確であるという保証はないと言わざるをえないように思われる。

　たとえば，上では，仮定法過去完了の条件節が過去における非現実を表すのは，慣用的な言外の意味であるとしたが，これが一定の言語形式に対応していることは明らかである。このことは，日本語のように，仮定法特有の形がなく，したがって，たとえば，

(9)　If he comes, I'll see him.
　　　（［彼が来るか来ないか分からないが］来るなら会いますよ。）
(10)　If he came, I'd see him.
　　　（彼が来るなら会うのだが［来ないから会えない］。）
　　　　　　　　　　　　　　　(Quirk and Greenbaum (1973: 325))

のような二つの文に対応する含意を，補足的な説明的文章を用いないで訳し分けることのできない言語と比較するとき，いっそう明らかであろう。つまり，英語の仮定法にみられる非現実という

意味は，それだけ言内の意味に近いところにあるということになるのではないかと思われる。

　他方，(11)–(13) のような例を，それらが (14) の含意をもつかもたないかという観点から考えてみよう。

(11)　John managed to go to the party.
(12)　John decided to go to the party.
(13)　John tried / wanted / intended / hoped to go to the party.
(14)　ジョンは，そのパーティに行った。

(11) のような，いわゆる含意動詞 (implicative verb) が用いられている場合，(14) が含意されていることに問題はない。(12)，(13) のような非含意動詞が用いられている場合，(14) が含意されていると断定することは，もちろん，できない。けれども，たとい (12) の文に基づいて，「ジョンは，実際には，そのパーティに行ったのですか。それとも行かなかったのですか」と問われたとき，もしも，「行きませんでした」と答えるなら，それは誤りである。それなら，「この表現は，実際に行ったか行かなったか決められない言い方なのです」と答えたらどうであろうか。誤りではないが不十分であると考えられる。適切な答えは，「実際に行ったと断言することはできないが，特別の但し書き的理由がない限り，行ったであろうと思われます」であろうと思われる。少なくとも，後述の Grice 式言外の意味計算法（第 6, 7 章参照）によるなら，そのようになるはずである。

　同じことが (13) についても言えるであろうか。わたしには言えなさそうに思われる。(11) が慣用的言外の意味を含むとすれ

ば，(12)，(13) は非慣用的言外の意味を含むものということになるが，その (12) と (13) との間にまったく区別がないとは言えないと思われる。ちなみに，

(15)　I went to the party to have a talk with John.
(16)　We stopped the car to have a look at the scenery.

などのような文における不定詞の用法は，「…するために」と訳されなければいけないのか，それとも，「…して…した」のように上から訳してもよいのか，という問題は，(12) の場合と同じように，つまり，文脈や場面が特別の但し書き的理由を示しているのでない限り，不定詞の中身は実現したものと考えて差し支えない，というように考えるべきものであると思われる。

　いずれにしても，最も言内的な意味から最も言外的な意味に至るまで，一種の階層はあるにしても，その階層は連続性を帯びているものであり，明確な切れ目は，あまり期待しないほうがよさそうである。以下，言外の意味というときには，できるだけ，非慣用的なもののみをさすものとして，論を進めてゆきたいと思う。

第 5 章

ずれの度合い

叙実的な述語を含む (1) のような文に対して，(2) のように答えることは，肯定の答えに関する限り，まったく正当である。

(1) Do you know that John went to the party?
(2) Yes, I do.

この場合，質問者は，目的節の中の事柄が事実であるという前提に立っており，その上で，それを相手が知っているかどうかを尋ねているのであるから，相手が，それを知っていて (2) のように答えるなら，それは，当然すぎるほど当然な答えであることになる。

それはそれでよいとして，次に，今度は，(3) と，それに対する答えとしての (4) の場合を考えてみよう。

(3) Do you know where the museum is?
(4) Yes, I do. （ええ，知ってますよ。）

この場合，もしも，(4) の答えをした人が，これにて問答完了，という顔をしていたらどうであろうか。少なくとも聞き手の心は満たされないであろう。同じことは次の (5) と (6)，および，これに対する (7) と (8) の場合にも見られる。

(5) May I leave now?
  （もう下がってよろしいでしょうか。）
(6) Yes, you may. （はい，どうぞ。）
(7) a. May I have the ashtray?

　　　　（その灰皿いただけますか。）
　　b.　May I have the number, please, Miss Turner?
　　　　（ターナーさん，電話番号教えてもらえますか。）
(8)　Yes, you may.　（はい，どうぞ。）

　われわれは，すでに，(1)を，その目的節の叙実性との関連において，慣用的言外の意味を含むものとしているが，(3)や(7)は，結論的に言えば，非慣用的言外の意味を含むものとされるべきものである。

　同じくdoで始まる疑問文に対し，同じくYes, I do.と答えても，(1)の場合はまともであるのに，(3)の場合は，それだけでは，ピント外れである。同じくmayで始まる疑問文に対し，同じくYes, you may.と答えても，(5)の場合はまともであるのに，(7)の場合は，それだけでは，ピント外れである。なぜか。一言でいうなら，(3)や(7)の問いを発している人は，(4)や(8)のような答えを求めているのではないからである。(3)の場合なら，美術館までの道順を教えてもらいたいのであり，(7a)の場合なら，灰皿を渡してもらいたいのである。(7a)に対するまともな応答は，黙ってそこにある灰皿を渡すか，あるいは，Here, take it.（ほら，お取り）などといって，灰皿を差し出すことであろう（Chomsky (1972b: 193) 参照）。

　つまり，(7a)の発話を行っている人は，次の(9)と実質的には変わらない発話を行っているのである。

　(9)　Please hand me the ashtray.
　　　　（その灰皿を取ってください。）

だから，単に肯定の答え (8) を発するだけで，灰皿を取ってくれようとしない相手に出会ったりすると，話がとんちんかんになるのである。が，ここで，その相手に，「ぼくが灰皿を取ってくれと言っているのに（そして，君はそれをすることができる立場にいるのに）君は取ってくれようとしないのか」と言って，話し手が食ってかかったとしたらどうであろうか。相手の側に悪気がある場合は別で，後から考えることにするが，悪気がない場合，この相手の人は，「あなたが言ったのは (7a) であって，(9) ではない。May I ...? と言うから，(5) に対する答えの場合と同様に，Yes, you may. と答えただけです。どこが悪いのでしょうか」と答えることが可能であろうか。理屈の上では可能であると思う。特に，話し手が，たばこを飲まない人の前に遊んでいる灰皿に手をかけながら (7a) を発したのなら，「この灰皿，いただいてよろしいですか」の意であり，一定の対人関係のもとでは，(8) の応答は，まともでありうる。

　しかし，話し手からは手が届かないが相手からはすぐ手が届くところにある灰皿を問題にしている場合はどうであるかというと，(8) の応答は，きわめて不適切である。なんの不思議もなく (7a) に対して (8) の答えをする人は，地球上の住人としてはふさわしくない人なのである。たとえば，人間の言語の記号結合的な面は熟知しているが，人間の社会生活に関してはまったく無知であるような火星人にならふさわしいかと思われる応答の仕方なのである。地球上の住人であるわれわれは，話し手としてはもちろん，聞き手としても，(3) や (7a) が，単なる肯定や否定のことばによる応答を求めている発話ではなく，実際に道順を教えるとか，物を取ってくれるとかいうような，いわば，行為をしてく

れることを依頼している発話であることを知っているからである。

　実際の行為を依頼しているということは何で分かるかというと，一つには，may とともに用いられている主語の人称が関係している (Chomsky (1972b: 193))。しかし，(5) からも分かるように，ともに用いられる主語の人称が 1 人称であれば必ずそうなるというわけではない。次の (10) におけるように，

　(10)　May I please have the ashtray?

その発話の中に please が用いられていると，依頼文であることは，もっとはっきりする。しかし，please という語が常に用いられているという保証は，もちろん，ない。そうすると，(7a) の (言内の) 意味と，実際に意図されている言外の意味との間にはギャップがあると言わざるをえないことになる。逆に言えば，(3) の know には「教え（てくれ）る」の意味があり，(7a) の have には「取ってくれと頼む」の意味があるとして，これらの意味を，辞書の know や have の項に記載することはできないということである。

　つまり，慣用的な言外の意味を含むものとした叙実的な述語を含む場合や，含意動詞の場合とは異なり，これらの know や have を含む発話の場合には，その言外の意味を，特定の言語形式と，いわば，直接的に結びつけることはできない。特定の言語形式のみを手掛かりとして，その言外の意味を直接的に導きだすことはできない。それは，むしろ，場面により多く依存しているものであり，それだけ，非慣用的言外の意味であることがはっきりしているとしてよいものである。けれども，われわれは，日本

語においても英語においても，こういうような例における言外の意味は，ほとんど間違いなく理解している。というより，こういう簡単な例の場合は，言外の意味が存在しているということにさえ気がつかないほど，その言外の意味に慣れきっているといってよい。特定の語彙形式と直接的に結びついてはいないという点で，非慣用的な言外の意味であるとはしたものの，慣れきっているという点から見れば，慣用的な度合いは，かなり大きいと言わなければならないであろう。

　慣用的な言外の意味に見られる慣用性というのは，言語的なものであり，非慣用的な言外の意味に見られる上述のような慣用性というのは，社会的なものであるというふうに言うこともできるであろう。が，要するに，こういう非慣用的言外の意味の類例は，ちょっと探せば，いくらでもあるはずである。たとえば，電話で，

　　(11)　Is John there?
　　　　　（ジョンいますか。）

などと言うのも，その一例である。もちろん，これは，「ジョンがそこにいるかどうか知りたい」ということではなく，「ジョンがいたら用があるので話をしたい」ということである。が，Is と John と there の意味をいくら調べても，こういう意図された意味を直接的に引きだすことはできない。言内の意味と言外の意味との間にはギャップがあるということである。そのギャップはいかにして埋められるかということがすぐ問題となるが，その前に，ギャップの大きさに関する問題を少し見ておくことにしよう。

　具体的な例について見てゆくことにすると，次の (12) から (15) までの文は，いずれも，誰かに窓を開けてもらいたいとき，

用いうる形式である（用例と説明は Ruhl (1973) 参照）。

(12) Open the window.
(13) Will you open the window?
(14) Could you open the window?
(15) May I ask you to open the window?
(16) The window should be open.
(17) It's hot in here.

これらの表現が，いずれも，窓を開けてもらいたいときに用いられるものであるからといって，すべてまったく等価であるとするわけにはゆかない。たとえば，(12)が実際に用いられるような状況は，きわめて限られていると考えられる。実際の社会生活で，こういう直接的，高圧的な命令を発しうる対人関係の存在が，予想以上に限られているからである。英語では，日本語に比べ，相手かまわず，一律に，ぶっきらぼうな命令的表現を用いることができると言われ，それは，ある程度，確かにそうであるが，あまり強調しすぎると，今度は逆に，誤った一般化に陥る危険があると思われる。相手の心を傷つけないようにという思いやりは，おそらく，見かけ以上に，万国共通の作法であると仮定してよいであろう。(13)から(17)までの例は，(12)とは異なり，いずれも間接的な表現であるが，こういう間接表現の多様性ということ自体，英語にも思いやり表現が見かけ以上に多いということの証左となるものである。

　これらの間接的な表現は，いずれも，命令ということ自体に照準を合わせることをしないで，それ以外の，しかし，結果的には同じ効果を期待できる因子に照準を合わせている表現であると考

えることができる。すなわち，(13) では，窓を開けてくれる気があるかないかという，相手の「好意」に照準を合わせているのであり，同様にして，(14) では，相手の「能力」に，(15) では，そもそも依頼ということを申し出てもよい相手であると考えてよいか悪いかという「推定」に，(16) では，問題が解決された場合の「結果」に，(17) では，問題の「存在」していること自体に，それぞれ，照準を合わせているものであると考えることができる。(13) から (17) に至る発話の言外の意味は，いずれも，同じところにあるとしてよい。が，だからと言って，これらを一律に「窓を開けてください」と訳したのでは，誤りではないとしても，不十分なものであることは明らかであろう。

　なぜかというと，それぞれの例における言内の意味と言外の意味との間におけるずれの度合いは等しくなく，また，ずれの大小は有意味的であると考えられるからである。このずれを直ちに数量化して示すことはできないであろうが，上の場合，(13) から (17) まで，この順序で，ずれは大きくなっていると言ってよいのではないかと思われる。

第 6 章

言外の意味算定の基礎

実際に窓を開けてもらいたいのなら,「窓を開けてください」と言えばよさそうなのに,「ここ少し暑いですね」などという間接的な表現を用いるのはなぜかというと,それは,主として,思いやりのためであるとしてよい。ぶっきらぼうで失礼に当たりそうな表現,特に,押し付けがましい直接的な表現を避けるためである。しかし,言内の意味と言外の意味との間のギャップが大きくさえあれば,必ず丁寧な表現になるかというと,必ずしもそうであるとは限らない。たとえば,いわゆるどすのきいた声で言われれば,丁寧な言い方のほうがすごみのある脅迫となるであろう。また,親しい間柄で,急に丁寧な言い方をすれば,よそよそしさを示すことも十分にありうる。

　しかし,ほかの,こういう特別な条件が加わらない限り,間接的である度合いが大きければ大きいほど,丁寧である度合いも大きくなるのではないかと思われる。と同時に,他方,ずれというのは,その度合いがあまり大きくなると,意図したことが相手に伝わらなくなるということがある。たとえば,「窓を開けてもらいたい」というつもりで,It's hot in here. と言ってよいのなら,もう少し幅を広げて,

　(1)　It's not raining.　（雨じゃないんでしょ。）
　(2)　Is there a wind outside？　（外は風があるの。）
　(3)　Do you have a cold？　（風邪なの。）

などと言ったとしたらどうであろうか。窓を開けてもらいたいという意図が,相手に伝わりにくくなるのは明らかであろう。もち

ろん，これらの場合，その意図が絶対に伝わらないと言い切るのは，やや行きすぎであるかもしれない。けれども，もしも，これらの場合，その意図がうまく伝わるようなことがあるとしたら，それは，むしろ，不幸なことであるかもしれない。こういう言い方で，その意図が伝わるというのは，（家族の成員間というような特別の場合は別として）一般の社会生活に関する限り異常というべきであり，聞き手の側における過重負担を前提としているものであるからである。

　つまり，通常の対人関係にあっては，そうまで気を使われると，お互いに，うっかりものも言えなくなるという，いわば，逆目の意志疎通障害現象を生ずるというところがあり，要するに，はなはだ健康的でないことになるのである。しかし，言外の意味は，言内の意味から，どのくらいの距離にあるとき，いわば，最も健康的であるかという問題に，一般化した形で答えることはできないと思われる。この問題は，かなり高級なもので，われわれとしては，むしろ，その前の段階にあるもう一つの関連問題，すなわち，どのくらい離れていても，意図された意味の伝達は可能であるか，という問題を，もっと考えておく必要がある。たとえば，窓を開けてもらいたいという意図をもって，次のように言ったとしたらどうであろうか。

(4)　I wrote a letter yesterday.
　　（私は昨日手紙を書いた。）
(5)　Six men can fit in the back seat of a Ford.
　　（フォードの後部座席には6人の男が入り込める。）

その意図が伝わらないことは明らかであろう。なぜか。答えは，

言内の意味を手掛かりとして，言外の意味の，いわば，計算をしているからである，ということになるであろう。計算の出発点となるものは何であってもよいということはないのである。言内の意味と言外の意味との間におけるギャップの広さは，言内の意味から出発して埋めることができる程度のものでなければならないということになってくる。見方を変え，意図された意味を固定して考えるなら，そこから逆算できる範囲内の，言内の意味をもつ表現を選ばなければならないということである。すぐ問題になってくるのは，そのギャップを埋める計算はいかにして行われるかということである。

　上では，窓を開けてもらいたいという意図を表すのに，間接的な表現を用いるのは，思いやりのある丁寧な言い方をするためであるとしたが，すでに触れるところがあったように，間接的な言い方であれば，すべて，丁寧な言い方であるというわけではない。Aと言えば，特別の但し書きがない限り，Bということが含意されるというような場合，Bは言わずにすませるという場合は，いくらでもあるからである。既出の例で言えば，John decided to go to the party (and went to the party). において，括孤内の部分が表現されていなければ，John decided to go to the party. は間接的な言い方でありうることになるが，だからといって，これが特に丁寧な言い方になるわけではない。さらに，メタファーや皮肉 (irony)（下巻第24～26章参照）という表現も，間接的な表現であるとしてよいが，特に丁寧ということと結びついているわけではない。したがって，上で問題としようとした，ギャップの埋め方というのは，当然，丁寧な表現にのみ限られるというのではないことになる。

ギャップの埋め方というのは，取りも直さず，言外の意味の計算法ということである。が，計算法といっても，現在，確立されている方式があるわけではない。先に，わたしは，Grice 式計算法というような言い方をしたことがあるが，Grice の場合も，明確な定式化が与えられているわけではない。日常の言語活動において，われわれは，毎日のように，言外の意味の計算をしながら暮らしているのであるから，その定式化が得られていないというのは，一見，不思議のようでもあるが，他方，当然であるという面もある。われわれが毎日のように言外の意味の計算をしているというのは事実であり，それは，確かに，言外の意味の計算が不可能ではないことを示していると考えられる。他方，その定式化が困難であるというのは，一つには，現実世界に関するわれわれの知識や経験が直接的に深くかかわっているからでもあるが，同時に，もう一つ，皮肉やメタファーなどの場合と同様,[1] この言語現象が，その不可欠の特質として，不確定性（indeterminacy）という性質をもっているからであると考えられる。

不確定という特性は，これらの表現の命なのである。そういう特性があるからこそ，これらの間接的な表現の利用価値も生ずるのであって，その不確定部分を紛れなく指定しうるとするなら，その表現の存在価値も解消してしまっているはずのものである。もちろん，不確定の度合いが，すべての場合に，一様であるわけ

---

1. たとえば，皮肉の不可欠要素の一つは，それがまったく紛れなく皮肉であると分かるようになっていてはならないという条件である。まったく紛れなく皮肉であると分かる仕組みが用意されているなら，それは，すでに，有効な皮肉ではなくなっているはずである（Householder (1971: 297) 参照）。

ではない。メタファーや皮肉をはじめとする比較的大きい場合もあれば、ほとんど不確定の余地はないと思われる場合もある。それは、特定の言語形式がもつ言外の意味の非慣用的である度合いの大きさともある程度一致するであろう。けれども、たとえば、窓を開けてもらいたいとき、Could you open the window? という場合のように、その言外の意味のもつ不確定性がほとんどゼロに近いと思われる場合、すなわち、話者の意図が、ほとんど紛れなく唯一的に決定できると思われる場合でも、その言外の意味というのは、聞き手の側における計算という好意を媒介として、はじめて、成立するものであることを忘れてはならない。

　換言すれば、こういう表現は、言内の意味にだけ解され終わる可能性（つまり、危険性）を常にもっているということになるのである。言内の意味にだけ解され終わるのではないほうの場合はどうなっているかというと、それは、言外の意味にのみ解されると考えるべきではなくて、「言内の意味プラス言外の意味」に解されると考えるべきであると思われる。言外の意味は、あくまでも、言内の意味とまったく独立に存在すると考えるべきではない、ということである。要するに、スペードをスペードと言わないで、スペードとして通用させうるのは、ずばり、スペードと言わない分だけ、相手の好意にすがっているのである。他方、スペードをスペードと言ってしまえば、互いに、のっぴきならないことになるかもしれない場合、スペードと言わないでいる分だけ、いわば、「ゆとり」になっているわけで、話者の意図が実現されないかもしれない場合に生じうる聞き手の側における（そして、結局は、話し手の側における）ぎこちなさを、あらかじめ軽減する役目を果たしており、それに見合うだけの選択の余地を相

手に残しておくという処置，もっと言うなら，最後の逃げ道はふさがずにおくという処置をとっていることになる。これは，そのまま，間接的な表現がどうして丁寧な表現になりうるかという問題に対する答えでもある，と考えることができる。

しかしながら，最終的に不確定部分があることを，一方で，認めるとしても，他方，言内の意味から，いわば，手繰り出される言外の意味は，やはり，無限に広がりうるものではなくて，一定有限のものである。言外の意味に依存する言語活動が実際に行われている以上，これは明白な事実であり，話し手のほうも聞き手のほうも，特定の言語形式がもつ言外の意味を，一定有限の幅の中で解するということをしていることになる。したがって，少なくとも，この幅を計算する方策はもっていることになるであろう。Grice 式計算法と呼んでよいかとも思われるものも，実際には，こういう幅を設定する際の基礎となるものであると考えることができる。ここで，とりあえず，Grice (1967) の考えを概観しておくことにしよう。

われわれが会話に従事している際，話し手であると聞き手であるとを問わず，お互いに守らなければならない決まりがあり，それは，会話の中身がどういうものであっても，それにかかわりなく守られるべきものである，と Grice はまず考える。これを，「会話の公理」(Conversational Maxims)，すなわち，それがなければ，会話というものは，そもそも，成立しえなくなると考えられる基本条件，と呼ぶ。「会話の決まり」とか，「会話の作法」のように言ってもよいものと思われる。それは，一言でいうなら，「目下の中心話題に協力せよ」という趣旨の原理に集約できるものである。これを，「協調の原理」(Cooperative Principle) と呼んで

いる。もう少し細かに見てゆくと，この原理は，(6) に示すように，4箇条の公理に分けることができるとしている。

(6) (i) 量に関して：「必要とされる情報量をできるだけ多く提供せよ。不必要なことを言うべからず。」
    (ii) 質に関して：「真実を語れ。偽りを言うなかれ。証拠なきことを言うべからず。」
    (iii) 関係に関して：「当面の問題と直接的な関連のあることのみを言え。」
    (iv) 様式に関して：「紛れなく言え。明確に，あいまいさをなくし，簡潔を期し，きちんと乱れなく言え。」

骨子は，概略，以上のごときものである。これだけでは，なんとも舌足らずで，どうしてこれが言外の意味算定の基礎となりうるのかということも，一向に明らかではない。また，Grice の究極的な論点も，言外の意味の測定という点にあるのではない。が，補足的な説明は，具体的な例を考えてゆく際に，逐次加えてゆく，ということにしよう。

第 7 章

言外の意味算定の実際

比較的多くの学者によって，Grice の考え方が好意的に迎えられているのは，一つには，言われてみれば，それがきわめて当然のことであるからであろう。どうして，そんなに当然のことが，今までほかの誰によっても言われるに至っていなかったのかというと，それがあまりにも当然で，しかも，漠然としていてとらえ所がなく，言い出しにくいものであったからであるとしてよいのではないかと思われる。言ってみれば，Grice の「会話の公理」(Conversational Maxims) というのは，コロンブスの卵である。

　また，どうして，Grice が，そもそも，「会話の公理」などというものを考えだすに至ったかというと，それは，論理学で用いられる論理式と，それに対応すると考えられる自然言語の形式との関係について，一種の仮説を立てるためであった。Grice によれば，自然言語で用いられている not, and, if ... then ..., either ... or ... などによって表される概念と，論理学で用いられる '∼', '&', '→', '∨' などの記号の意味との間に違いはなく，一見存在するかに見える違いは，自然言語が実際に用いられる際補われる言外の意味によるものである。つまり，「会話の公理」というのは，論理式と，その自然言語における対応物との間における見かけ上の違いを埋める語用論的装置の基盤として考えだされたものである。が，こういう Grice の考え方に対しては，Cohen (1971) の，かなり説得力のある反論がある。

　しかし，一般に，言語学の論文の中で，Grice に言及が行われる際，あるいは，Grice の考えが言語学者たちによって好意的に迎えられているというような言い方をする際，それは，Grice が

意図したような，自然言語と論理式との平行性という点に関してではなく，むしろ，その前提的基盤として Grice が提示した「会話の公理」の妥当性に関してであると思われる。本書で借用したいと思っているのも，この「会話の公理」のほうだけである。この「会話の公理」に基づいて，具体的な言外の意味の計算を考えてゆきたいのである。が，ここで，前提条件である「会話の公理」の設定自体に関して生じてくることが予想される，かなり一般性のある二，三の反論について，簡単な考察を加えておくべきであろう。

　たとえば，「中心話題に協力せよ」というのは，「その時の話のやり取りの，暗黙に同意されている目的や方向に必要とされる貢献をせよ」ということであり，こういう決まりの第一原理ともいうべき部分を成しているのが「うそを言うなかれ」ということであると思われる。が，この世の中は，うその固まりではないか，という人があるかもしれない。つまり，うそを言うなという決まりは，現実には，少しも守られていないのではないか。少しも守られていないのなら，決まりとしては無効であり，「会話の公理」というのは，その根本から崩れることになるのではないか，という反論である。

　この反論には，もっともなところがある。われわれが用いることばの大半は，そのことばだけを手掛かりにしている限り，それがうそであるかないかを，究極的に判定することはできないし，また，まことしやかなうそというのも，確かに，存在しているからである。そもそも，真実のみを語る言語の使用とは，どういうことであるのか。もっと言うなら，ことばによって語られる真実とは，いったい，何であるのかというようなことは，それ自体，

大きな問題である。けれども，焦点を，われわれの日常的言語感情ともいうべきものに限って考えてみると，この世はうその固まりというように断定することは，とてもできないことであるように思われる。あるいは，うそという語の使用法に問題があるのかもしれない。が，ここでは，深く問わないことにしよう。たとえば，「ないことをあると言う」ことや，「なかったことをあったと言う」ことは，明らかにうそを言うことになるが，こういう現象は，われわれの日常において，想像以上に少ないと言いたいのである。そう思うのはお人よしであるからだというように考えなければならないということはないと思われる。原理的に，うそであるものが，うそでないものより多くなることはありえないと考えられるからである。

　うそはよい記憶力を必要とする。つじつまが合わないと，うそはすぐ露見するからである。が，よい記憶力だけでは間に合わない。うそを言うときには，常に，言わないでいる真実が平行的に存在しているものであり，その真実の線路を常に視界の中に入れながら，そこに入り込むことなく，もう一つの線路を，まことしやかに，引いてゆくことを意味する。これは，たいへんなエネルギーと才能とを必要とすることである。また，「うそは真実を基盤とし，その上に咲いたあだ花である」という言い方と，「真実はうそを基盤とし，その上に咲いたあだ花である」という言い方とを比べるなら，真実がうその成立要件であることも明らかであろう。「まことしやか」であることはありうるが，「いつわりしやか」であることは，通例，ないということも考え合わせてよいことである。simulate（ないことをあるように見せる）も dissimulate（あることをないように見せる）も，「まことしやか」の下位

分類である。

　こういう注釈めいたことを Grice がいちいち述べているわけではない。しかし，Grice の「会話の公理」の，いわば，すそ野は，こういう具合になっているのであると思われる。「当面の問題となっていることのみを語れ」という趣旨の「会話の公理」についても，話題を変えるということは，いっさいできないのか，という疑問が生ずるかもしれない。もちろん，話題というのは，いっさい変えられないというものではない。談話の途中で，話題の変わってゆくことは，いくらもありうる。時によっては，こちらが話し終わらないうちに，相手に話を横取りされることさえある。

　しかし，これらの話題転換や横取りなどが，社会的なとがめを受けることなく行われるためには，やはり，守られていなければならない「文法」があると考えられる。大体の見通しで言えば，こういう文法の中核をなすのは，結局，話題の転換や横取りが，より効果的な談話の発展，つまり，より急を要する，より重要な，より興味ある談話の発展に寄与するという判断の存在ではないかと思われる。この判断は，とっさの場合における見切り発車的な形で行われることが多く，その正否の判定には，多くの困難が伴う。しかも，実際問題としては，知的判断力とか対人関係などにおいて，上位にあると目される人の手に，その決定権がゆだねられるという言語心理学的配慮がこれに加わるということになるであろう。

　以上，「会話の公理」に対して提示されるかもしれない一般性のある反論について，その見本を略述したことになるが，同様なことがほかの「会話の公理」についても言えることは，以上の具

体的な例からも分かるであろう。一般に，一見したところでは「会話の公理」に関する反例と思われるものの存在が，実は，「会話の公理」が存在することの証明となっている場合も少なくない。また，Grice が会話に関して設定した「会話の公理」なるものは，ほとんどそのまま，書かれた文章の場合にも適用できるものとしてよいように思われる。書かれた文章の場合にも，読者とか，あるいは，筆者自身という形において，仮想上の聞き手は，必ず存在すると考えてよく，書かれた文章なら「会話の公理」の対応物と考えられるものに違反しても差し支えないという理由があるとは考えられないからである。具体的な例を少しずつ見てゆくことにしよう。

最初の例は，「会話の公理」に対する違反がない例である。

(1) A: Smith doesn't seem to have a girl friend these days.
B: He has been paying a lot of visits to New York lately.

(Grice (1967: 15))

(「スミスは，このごろ，ガールフレンド，いないようだな。」「最近，ニューヨークへ，しょっちゅう出掛けてるよ。」)

この場合，B によって意図されている言外の意味は，(2) のようなものであるとされている。

(2) スミスは，ニューヨークに，ガールフレンドがいる（らしい）。

どのようにして，こういう言外の意味は計算されているのであろうか。まず，Bという人が(1B)という英語のせりふを口にしたという事実があるとする。これは，Aという人の(1A)というせりふに対する応答であると考えられる。Bという人が，「会話の公理」を守ることをやめているという状況証拠はない。もしそうなら，(1B)は，日本語の訳文に示されているような言内の意味だけでとどまるものであるはずがない。(1B)が，言内の意味にとどまるだけの発言であるなら，それは(1A)に対する応答としては，次の(3)と変わるところのないとんちんかんな応答であることになるからである。

(3) The weather has been quite delightful this summer, hasn't it?
（今年の夏はまったくいい天気でしたね。）

つまり，(1A)に対する応答として考える限り，(3)が，「関連あることのみ言え」という趣旨の「会話の公理」に違反しているのと同様に，(1B)も（言内の意味にとどまるなら）「会話の公理」違反となる。が，「会話の公理」違反を立証する積極的な証拠がない以上，(1B)は言内の意味にとどまっている「はずがない」ということになる。「はずがない」というのは，内容的にみて，(1B)が(1A)と，たとえば(3)の場合におけるように，無関係であるはずがないということである。これによって，(1B)の言外の意味がもちうる解釈の自由幅は，ぐっとせばまることになる。(1A)と内容的に関連があって，しかも，(1B)の言内の意味から比較的直接的に，話し手自身によってはもちろん，聞き手によっても，導きだされると話し手が判断している（言内の意味

でない）意味が，その言外の意味であることになり，その導出方式を厳密に定式化することは困難であるが，結論的には，(2) のごときもので「ないはずがない」というように考えてゆくのである。

　ただ，(1B) の言外の意味が (2) のごときものであるということを間接的，消極的に裏づける重要な条件として，(1B) の言外の意味が (2) であると考えることを妨げる因子は何も示されていないということ，したがって，Bが，(1B) の言外の意味は，(2) であると思わせようとしている（あるいは，思ってもらっても差し支えないという姿勢をとっている）と考えることを妨げる因子は何も示されていないということがある。結局，言外の意味がはみ出すことを許されない自由幅は，野球のベースランナーが踏み外すことを許されない3フィートラインのようなものであり，言外の意味は，この，一定の自由幅をもつベースラインの外側のもの「であるはずがない」と同時に，その内側のもので「ないはずがない」という二つの原理の組み合わせ作業ということに還元できるのではないかと思われる。同時に，その幅が，無限でもなく，ゼロでもないというところに，この問題の煮えきらなさの本質があると考えられる。

第 8 章

会話の作法とその違反

今度は，一見すると，「会話の公理」に違反しているように思われる例を，少し検討してみることにしよう。たとえば，言語学の教官を公募している学校へ John Smith という学生の推薦状を頼まれて，その指導教官が，(1) のように書いたとしたらどうであろうか（似たような例は Fraser (1974: 442) や Grice (1967: 16) にもある）。

(1)　Mr. John Smith is always on time for class and is neatly dressed.　Moreover he is very good at swimming ...
　　　（ジョン・スミスは授業に遅れてきたりすることはなく，身なりもきちんとしています。その上，水泳が得意です ...）

学生の中には，実に，いろいろな芸に秀でているものがいる。もしも，これらの特技を大きく二つに分け，推薦状に書けるものと，書かないもの，とするならば，まず，パチンコ，マージャン，玉突きなどは，書かないほうの部類に属するであろう。「浪費された青春の確かな証拠」とされかねないからである。が，水泳とかピアノとか剣道が特技であるという学生の場合，これらのことを推薦状に書かなければならないことはないが，書くと困ることになることもないであろう。ほかの条件が同じなら，むしろ，歓迎される場合も少なくないと思われる。

　したがって，われわれ自身が書いたり，受け取ったりする推薦状にも，(2)，あるいは，その変奏曲ともいうべきものが実在す

る可能性は，十分にありうる．

(2) 山田太郎君は，授業には，きちんと遅れずにくるし，勉学の態度はまじめで，服装もさっぱりしています．それに，剣道は4段の腕前です．…

確かに，これらの項目は，このごろの世相からすれば，みんな，美徳という範疇に入れてもよいものである．しかし，言語学の教官候補者の推薦を依頼されていながら，その候補者の言語学に関する学力にほとんど言及するところがないとするなら，それは，「必要とされる情報量をできるだけ多く提供せよ」という「会話の公理」に違反していることになるように思われる．が，Griceによれば，必ずしもそうではない．「会話の公理」が守られていないように見えるのは，言内の意味の世界にとどまっているからであって，もし言外の意味の世界をも考慮に入れるなら，「会話の公理」は，守られていることになるというのである．

その場合，まず，(1) の言外の意味は何であるかというと，概略，(3) のごときものであるとしてよい．

(3) この学生は，あまり熱心に推薦できる候補者ではない．

聞き手は，どのようにして，こういう言外の意味を計算しているのかというと，それは，概略，(4) のごときものである．

(4) この推薦状を書いてくれた人は，まず，「目下の中心話題に協力せよ」という「協調の原理」の外側に身を置いているわけではない．この原理を拒否しているのなら，そもそも，推薦状は送ってこないはずだからである．

とは言うものの,「関連あることのみを言え」という公理と,「必要とされる情報をできるだけ多く提供せよ」という公理に関しては, どうも, 納得のゆきかねるところがある。候補者に関して, もっと多くの情報をこちらが必要としていることは, この推薦者は当然知っているわけであるし, また, 推薦者は, そういう情報を当然持っているはずである。つまり, 協力する意志はありながら, もっとできるはずの協力をしないでいるのである。とすると, これ以上書いていないのは, もし, これ以上書くとなると, 芳しくない推薦状にならざるをえないと推薦者が思っているからにほかならないというように考えられる。

　一般に, 推薦状の中身に対してその筆者が負うべきであるとされる責任の限界に関しては, 個人個人によって, 当然, 差があるけれども, もっと注意しなければならないのは, 文化圏や国によっても, かなり大きな違いがあるということである。国際間の人事交流が頻繁になるにつれ, 推薦状に対する, いわば, 割引基準とでもいうべきものの違いが誤解の源となることは, 十分にありうることであるからである。いずれにせよ, (1) や (2) が, (3) の意味にとられる可能性のあることは否定できないので, その可能性を積極的に利用しようとしているのでない限り, (5) のような, 言外の意味を打ち消す趣旨の但し書きや説明を必要とすることになる。

　　(5)　しかしながら, これらのことは, この学生が言語学に秀でていないことを意味するものではありません。…

一見すると,「会話の公理」に違反しているように思われるが,その実,そうではないという例は, Grice にも, Lehrer (1974: 90) などにも,まだ多く見られる。それらを参考にしながら,もう一つ,二つ,具体的な例を検討してみることにしよう。(6) の例は,明白なトートロジー (tautology) を含むものである。

(6) a.　Women are women.
　　b.　War is war.
　　c.　Home is home.
　　d.　Business is business.
　　e.　Boys will be boys.
　　f.　Enough is enough.

これらのトートロジーにおけるように,同じ語をただ繰り返すだけでは,新しい情報が伝えられないということは明白であり,「会話の公理」の第一公理,つまり,「必要とされる情報量をできるだけ多く提供せよ」という公理に対する明白な違反であるように思われる。が,そうではない。違反であるように思われるのは,言内の意味にのみ視点を限るからであって,言外の意味をも考慮に入れるなら,違反はないことになるのである。逆に,言外の意味の計算法という角度から見るなら, (6) のような文を含む発話に接した場合も,相手が会話の作法を真っ向から無視してきているという明らかな証拠がない以上,その作法は守られているという前提に立って考えてゆくべきであることになる。そして,それが守られている以上,同語反復という現象も,新しい情報をまったく伝えないために用いられているのではないと考えるのである。

その場合，伝えられることが意図されている新しい情報が何であるかということは，相手がどうして，この同語反復的表現を選んで用いたかということを解明する聞き手の側における能力にかかってくる。それは，ある程度の一般化をも許すものであるように思われる。(6) にあげたような，A is A. という形の反復の場合，反復されているのが本来的な名詞であるなら，意図されている意味は，おそらく，「A は，しょせん，A である」という形にまとめることができるように思われる。「しょせん」とは何かと問われるなら，「A という名前で呼ばれているものの中には，A という語によって正しく指し示されるのには適切ではないと思われるような条件や状態を備えているものが含まれている場合があるけれども，結局のところは，やはり，A という語によって指し示されるのにふさわしくないものではない」という趣旨の答えをすることになるであろう。

　上で，「A という語によって正しく指し示されるのには適切ではないと思われる条件や状態」といっているのは，要するに，標準 (norm) からの逸脱ということであり，この逸脱がもつ値が，いわば，プラスのものであるか，マイナスのものであるかというのは，それぞれの文化ごとに決まっていると思われるが，その逸脱が場面に応じてもつ変動と自由幅とは，唯一的な指定を許さないもので，話し手と聞き手との間に，その解釈が一致しているという保証はないものである。もっと言うなら，むしろ，一致しているとは限らない宙ぶらりんの状態を保つこと自体に，その表現の存在理由の一部があると考えられるものである。したがって，(6) は，それぞれ，たとえば，(7) のように訳して間違いではない。

(7) a. しょせん女はもろいもの。
　　b. 戦争は，平和のためでも殺し合い。
　　c. 何はなくともわが家が一番。
　　d. 情で勘定負けられない。
　　e. 男の子のいたずらはしかたがない。
　　f. もうやめにしなさい（たくさんと言ったらたくさんだ）。

けれども，(7) のように訳さなければならないということはないし，一方，(7) の訳は，ある意味では，訳しすぎであることになる。そういうふうに見てくると，同語反復的な訳文を用意することが，最も無難でよいということにもなってくる。

　次に，今度は，「関連あることのみを言え」という「会話の公理」に，わざと違反していると思われる例についてみることにしよう。Grice (1967: 18) は，適例見つけがたしとしながらも，(8) の例を挙げている。上品なティーパーティで，A という人が (8A) の発話を口にしたとする。B という人は，ぎょっとなって，しばらく返すことばもなく，やっと口にしたのが (8B) のせりふであったという場面である。

(8)　A: Mrs. X is an old bag.
　　B: The weather has been quite delightful this summer, hasn't it?
　　（「X の細君あばずれだよ。」「今年の夏はまったくいい天気でしたね。」）

この場合，B は，A が提示した目下の話題に協力しようとしな

いどころではなく，それを真っ向から拒絶する発言をしているわけである。沈黙を守ることによって拒絶するのではなく，なにか発言することによって拒絶するのであるから，直接的に「黙りたまえ」というような，ことによるとけんか別れに至るかもしれないようなせりふを控えることにする限り，Bが選択しうる最も効果的な発話は，Aの発話内容と最も関連のない内容のものであることになる。

けれども，もう一方では，関連のないことなら何でもよいかというと，そうではない，ということがあるように思われる。結論的に言えば，(8A)の発言内容とは関連がないけれども，その時の場面，(8)の場合であれば，ティーパーティの席にふさわしくなくはない程度の関連をもつものでなければならないと思われる。このことは，たとえば，(8B)の代わりに，(9)のような，(8A)とは，(8B)同様，関連のない発話を行う場合のことを考えれば，容易に想像できるであろう。

(9) a. I wrote a letter yesterday.
b. Six men can fit in the back seat of a Ford.

「少なくとも，その場面に，とんちんかんではないもの」という限定は，Griceでは言及されていないが，Griceの挙げている(8B)の例自体は，この限定に適合しているものであると考えられる。

日本語では，こういう場合，「とぼける」というのであろうと思われる。ただ単に「知らぬふりをする」，「しらばくれる」というのではない。わたし自身，今に鮮やかな10余年前の記憶が一つある。ある宴席で，AがBに，酔った勢いで，からみ始めた。

間に座っていた恩師のF先生は,「きみ,このさしみうまいねえ」と言った。Aはやめようとしなかった。先生は,同じことを,もう一度言った。Aは口をつぐんだ。こういう,ある意味では「関連なき発話」がもつ言外の意味は,「その話,やめにしましょう」ということであり,「あなたのは失言です」という一種の制裁でもある。そして,制裁でありうるのはなぜかというと,やはり,「会話の公理」という作法の存在に思い至ることになるのである。

第 9 章

意図的な作法違反の意味

われわれは，一見して意味が通じない文とか，意味を成さないと思われるような文に接しても，通例，いきなり拒否反応を示すものではない。相手がしかるべき人であったり，作品であったりする場合には，なおさらそうである。ばかばかしいと思い，われに縁なしと断定して，拒否することがないというのではない。拒否反応を示す前に，とにかく，意味をなんとか取ろうとする，ということである。われわれ人間は，ほとんど無意識のうちに，そういう努力をする動物なのである。
　一見無意味と思われる言語形式に対しても，何か意味があるのではないかと，まず，思う，ほとんど生得的と言ってもよい特性が人間にはあるのである。こういう角度から見ると，人間というのは，何よりもまず，「解釈する動物」であるということができるであろう。解釈の対象は，当然，無生物や自然現象などをも含む森羅万象に向けられるが，解釈されることをその本来的な目的としていることばが対象であるときには，はじめから，「解釈せよ」というチャレンジを受けているようなものである。が，聞き手としてのわれわれは，それがチャレンジであることさえ意識せず，もっぱら，自動的，機械的ともいうべき解釈反応を示すのである。だから，一見無意味と思われる文に接しても，こんなものを相手にしていられるかという断定を下すのは，解釈機能をある程度働かせ，相手のいわば真意を読み取ろうとする努力をした後においてであって，その前においてではないのである。
　これまで考えてきた「協調の原理」(Cooperative Principle) とか「会話の公理」(Conversational Maxims) とかいうものは，

考えようによっては，人間存在の，こういう根源的なありように
かかわるものであると言ってよいのではないかと思われる。つま
り,「必要とされる，関連のあることを，偽りなく，紛れなく言え」
というようなのは，解釈人間が，お互い同士，その存在を維持す
るために欠くことのできない条件であると考えてもよいと思われ
る。そして，こういう作法が常に 100 パーセント守られている
という保証はないけれども，それが守られていない場合があって
も，そのことは，むしろ，こういう作法の存在証明になっている
のであって，非存在を証明しているのではないというように考え
てゆくのである。われわれは，特定の文脈における発話に加えら
れる解釈，特にその言外の意味の解釈や計算にとって，最も原理
的な，また，一般性のある基盤を提供するものは何かという問い
を発し，それに対する答えを求めようとしたのであったが，解釈
的人間という観点を考慮に入れるなら,「会話の公理」というの
は，まさに，至りつくべくして至りついた原理であるとしてよい
であろう。以下，再び Grice の説明を参考にしながら，具体的
な例をもう少し考えてみることにしよう。

　アリバイを求められた犯人かもしれない男が，犯行の場所にい
なかったと主張するだけでなく，そこにいなかったのはまったく
本当であり，いたとするのは警察の陰謀であって，そもそも，い
たはずがなく，それが何より証拠には，これこれこういうことが
あると，聞かれもしないことをまくしたてたとしたらどうであろ
うか。必要とされる以上の情報を与えるなかれという「会話の公
理」違反である。もしも，この多弁が意図されたものでないとし
たら，聞き手の側における反応は,「これ，みんな本当かな」と
いう疑念であり，意図されたものであるなら,「どうもくさいぞ」

ということになるであろう。どうも，推薦状とか言い訳というようなものは，うそが含まれると，その部分は長くなるものであるように思われる。(もちろん，このことは，長ければうそであるということを含意するものではないし，短くさえあれば真実であるということを含意するものでもない。)

つい長くなるというのは，偽りでないように見せたいという心が，無意識的にもせよ，働くからであり，それは，偽りを言うなかれ，という「会話の公理」に違反したくないという心の働きの表れであると見ることができるであろう。この場合における違反は，「関連なきことを言うなかれ」という「会話の公理」違反でもあることになるが，いずれにしても，言外の意味の計算ということであれば，まず，「会話の公理」というものがあると仮定することから出発し，それに対する明白な違反と思われる発話のもつ真意が，違反したままの形の，額面どおりの意味である「はずがない」と考え，いわば，3フィートラインの内側へ引き戻された形で解釈されることになるのである，というふうに考えられるであろう。アイロニーやメタファーについても，その言外の意味算定方式は同じことであるが，これらは，その言外の意味の求め方に，いっそう局地化され，また，様式化された算定方式が認められるものであり，別個に論じたいと思う。

今度は，「証拠なきことを言うなかれ」という「会話の公理」に違反しているものとして，Grice (1967: 18) が挙げている (1) の例について見ることにしよう。話し手が，X氏の夫人について述べているという場面であるとする。

(1) "She is probably deceiving him this evening."

（「あの奥さん，今晩，おそらく，浮気ですな。」）

しかるべき文脈か，あるいは，ジェスチャーとか音調が伴うなら，(1) に述べられているとおりの事態が存在すると考えるべき十分な証拠はないということが聞き手にも明らかであることが可能である，と Grice は言う。この場合，聞き手の側における言外の意味の計算は，(2) のような形で行われることになる。

(2) 　四囲の状況より見て，話し手が「会話の公理」を頭から否認し，身をそのらち外に置いているという徴候はない。とすれば，「会話の公理」は守られていると考えざるをえない。守られているとすれば，(1) は，その言内の意味にとどまっているはずがない。（もし，とどまっているとするなら，偽りを言うなかれ，という「会話の公理」に違反することになるから。）

このような筋道をたどりながら至りつく (1) の言外の意味は，Grice によれば，(3) のごときものである。

(3) a. 　そういうことをいつもしている人なのだ。
　　 b. 　そういうことをやりかねない人なのだ。

これなら，3 フィートラインの内側にあり，「会話の公理」に対する違反もないことになる。明らかに，順法闘争とは別の理由で，のろのろ運転をしていることを承知の二人が，列車の中で (4) のようなことばを交わすとしたら，やはり，(3) に準じて考えることができるであろう。

(4) 　A: 　また順法のようですな。

B：　いや，まったく。

注意すべきは，(1) や (4) は，後で考えるように，アイロニーではないということである。

　われわれが日常接する発話には，あいまいなものや，漠然としたものも少なくない。そういう発話は，当然，様式に関する「会話の公理」，すなわち，「紛れなく言え。明確に，あいまいさをなくし，簡潔を期し，きちんと乱れなく言え」という趣旨の「会話の公理」に違反していることになってくるが，どのように考えるべきであろうか。一般に，まず，そのあいまいさ (ambiguity) や不明確さ (vagueness) が意図されたものでないなら，それらは，明らかに，「会話の公理」違反であり，作法をわきまえない人として，社会的非難や制裁を受けることになるであろう。そして，「もどかしい話しぶりの人」，「わけのわからない人」，「はっきりしない人」などのレッテルをはられ，一種の仲間外れ的扱いを受ける危険に身をさらすことになる。もちろん，あいまいさとか，不明確さとかいうことに関する判断に個人差があるのは当然予想されるところであり，そういう場合，一定の許容範囲内のものである限り，「会話の公理」違反とか，社会的制裁ということにはならない。が，その代わり，聞き手のほうは，話し手に問い返し，もっと明確な答えを要求する正当な権利を与えられることになるであろう。

　いわゆる構造上のあいまい性 (constructional ambiguity) などを含む表現の場合も，実際の場面では，どちらか一方の意味しか表に現れず，もう一方の意味は，話し手の意識にも，聞き手の意識にも上らないということが少なくない。たとえば，(5) の例

には，訳に示したような解釈が可能である。

(5) a. John broke the window with Mary.
      (メアリーの体を窓にぶっつけることによってこわした。)
   b. John is smoking.
      (体から煙が出ている。)［焼身自殺の場合など］
   c. I don't approve of his cooking.
      (彼が料理をすること／彼の料理の仕方／彼の作る料理／彼が煮られることにはあまり感心しない。)［少なくとも四とおりにあいまい。四つ目の解釈は，お話の中などで］

構造上のあいまい性が含まれていても，実際の場面で，それが意識されないのなら，「会話の公理」違反をうんぬんする必要は，当然のことながら，ないということになる。

問題は，あいまいさが意図的である場合である。Grice (1967: 19) は，Never seek to tell thy love, love that never can be. という詩行を Blake (*Poems from the Notebook*) から引き，命令形であると余計な紛れがからむので，これを (6) の形に変え，これに (8a, b) に示されるあいまい性のあることを指摘している。が，(8c) の読みも可能であろう。

(6) I sought to tell my love, love that never told can be.
(7) my love は，
   a. 「わが恋人」の意である。
   b. 「わが恋」の意である。

(8) that never told can be は,
　　a. 「告げえない，語ることができない」の意である。
　　b. 「口に出して言うとこわれてしまう（消えてしまう）」の意である。
　　c. 「測ることができないほど深い」の意である。

　ここで，(7a, b) と (8a, b, c) との組み合わせから生ずる六とおりの意味に関する諸説の考証に立ち入るつもりはないが，Blake のような詩人の場合，相異なる，そして，いわば，平行線的に，文脈上も，たどりうる複数個の解釈が，大きな優劣関係を伴うことなく成立するのであれば，それらは，いずれも，意図されたものであり，一種の増幅作用的効果をねらって，同一表現の中にからみ合わせたものと考えられる。

　不明確さが意図的であるのは，話し手が，聞き手には分かってもらいたいが，同席している第三者には理解されないことを願う場合，たとえば，子どもに聞かれたくないことを子どもの前で話す両親の会話などの場合に見られる。ほかにも，述べるべき「会話の公理」違反の例は少なくないが，総じて，その違反が意図的である場合，つまり，わざとそういう表現を用いている場合，聞き手としては，文字どおりだけの意味であるはずがなく，「会話の公理」によって作られている3フィートライン内の意味でないはずがないというようにして，その言外の意味を計算することになるのである。

第 10 章

内と外との間

「会話の公理」のうち,「簡潔に言え」という決まりが破られている例を見ることにしよう。ブラウンという人がある歌をうたい,それを聞いた人が,(1) ではなく,わざと (2) の言い方をしたとする (Grice (1967: 21) 参照)。

(1) "Mr. Brown sang 'Home sweet home'."
（「ブラウン氏は『ホーム・スィート・ホーム』を歌った。」）

(2) "Mr. Brown produced a series of sounds which corresponded closely with the score of 'Home sweet home'."
（「ブラウン氏は『ホーム・スィート・ホーム』の楽譜にかなり近い一連の音を出した。」）

その気が少しでもあれば,(1) のように,簡潔な述べ方が可能であるのに,それを用いることをしないで,わざわざ (2) の言い方をしたのであるから,明らかに,意図的な「会話の公理」違反である。sang とだけ言えば済むのに,どうして,言わでもがなの長々しい言い回しをしたのであろうか。それは,おそらく,ブラウン氏の歌いぶりと,一般に,singing という語が用いられる際の歌いぶりとの間におけるあまりにも大きな違いを示すためであろう。すぐ考えられるのは,ブラウン氏の歌いぶりにひどい欠陥があったということである。(2) の発話をした人は,こう言えば,そういう意味に解されるであろうということを知っているのであり,(2) の言外の意味は,概略,(3) のごときものであると

することができる。

(3)　あんなもの，歌といえる代物ではありませんよ。

これまで述べてきたのは，ある発話が「一般に」ある言外の意味をもつというのではなく，特定の文脈の中に置かれたときにのみ，一定の言外の意味を生ずるというのであった。そこで問題となるのは，ある発話が，「一般に」あるいは「通例」，一定の言外の意味をもつということがあるかどうかということである。が，ある発話が，通例，ある言外の意味をもつというのは，とりもなおさず，その言外の意味が慣用化しているということであり，いちいち計算することを要しないということである。それなら，発話全体にではなくて，その一部に特定の形式が用いられると，「通例」，そのたびごとに，ある種の言外の意味が生ずることはありうるであろうか。Grice (1967: 21) の答えは，イエスである。(4)は，かなりの自信をもって，Grice が挙げている例である。

(4)　"X is meeting a woman this evening."
　　（「X氏は今晩女の人と会うことになっている。」）

こういう発話が行われた場合，X が会うこととなっている「女の人」というのは，「X の奥さんでも，母親でも，姉妹でも，親しいプラトニックフレンドでさえもない」女の人であることが，通例，言外の意味として意図されている，と Grice は言う。それは，確かに，そのとおりであろう。が，中型の辞典においても，woman = paramour, mistress という語義は与えられているのであるから，発生的過程においてはともかく，現在では，これを，言外の意味，特に，非慣用的言外の意味とすることには無理があ

ると言わなければならない。

　ただし,次のような場合を考えてゆくことはできると思われる。ジョンが (5) の発話を行ったとする。

　(5)　"I'm meeting a woman this evening."
　　　（「ぼく，今晩女の人と会うことになってるんです。」）

自分でわざわざそう言っているのだから，a woman というのは,「さる女の人」のつもりかな，それともやはり「愛人」というつもりなのかな（ジョンにそういうものがあるとも聞いたことがないが），と聞き手は宙ぶらりんの状態に置かれる。すぐ後で，a woman というのは，ジョンの奥さん自身のことであると分かったとする。聞き手は，ここで，まんまと担がれたなと思う。John's wife は，確かに，a woman であるのだから，聞き手の John に対する抗議は，無理にしてみたところで，腰くだけとならざるをえないということになる。

　しかしながら，この場合，話し手は，my wife という，もっと特定化され，それだけ情報量の多い言い方が，しようと思えばできたのに，それをしないで，わざと a woman というぼやかした言い方をしたのであるから，「必要とされる情報量をできるだけ多く提供せよ」という「会話の公理」に対して，明らかな違反をしていることになる。しかし，その違反行為の存在は，(5) の発話時点では，確認しえないものである。a woman = John's wife ということが分かったとき，はじめて分かる違反である。どうして，特定化された言い方を避けるという「会話の公理」違反をしたのかというと，そういう言い方をしたくないなんらかの理由があったからであると想定してよいことになるであろう。そ

して,「そういう言い方をしたくない理由があるにちがいないということ」が,このような場合の言外の意味ということになってくる。その理由とは何かとさらに問うなら,この場合は,「担ぐ」とか「ちゃめ気」ということになる。ただ,この場合は上でも触れたように,後になってはじめて分かる「会話の公理」違反であるから,いわば,さかのぼって計算される言外の意味というようなことになるであろう。

　これを,もう少し一般化した言い方で述べるとすれば,「the＋名詞」とか「my＋名詞」などの,より特定化された言い方を用いることができるのに,それをしないで,「a＋名詞」などの形を用いることがあるなら,それは,「the＋名詞」などの特定化された言い方を用いたくないなんらかの理由があってのことであると考えて差し支えないということである。つまり,特定の形式(「the＋名詞」に代わる「a＋名詞」の形)が用いられると,「通例」,その度ごとに,ある種の言外の意味が伴うと考えることができ,その限りで,一般化されている言外の意味の例と言えると思われる (Grice (1967: 22) 参照)。

　今度は,いわば,乱取りげいこ的に,言内の意味と言外の意味とが入り交じっているような場合について,二,三考えてみることにしよう。電話で話をしているとき,相手から,(6)のように言われたとしよう。

　　(6)　"Can you speak ?"　(「話せますか。」)

この発話を,(7)のような意味に解するなら,(6)は無内容の発話であることになる。

(7) 「あなたは人間のことばを口であやつる能力があるか。」

電話で話をしているという事実で，そのことは証明ずみだからである。無内容の発話をしているのではないと考えられる限り，(6)の意味は，(7)のごときものであるはずがない。(6)を起点として至りつきうる，(7)でない意味として考えうるのは，(8)のごときものであろう。

(8) 「話したいことが自由にしゃべれる状況ですか。」

もっと言うなら，(9)であるとしてもよい。

(9) 「話の中身を聞かれては困るような人がそばにいたりはしませんか。」

この場合，(6)の発話意図が(7)であるということはありえないが，(9)であると限定できるかどうか，やや疑問である。(6)を発した人は，相手が「ものを(自由に)しゃべること」を期待しているからである。そうすると，(6)の意味は，(9)をその中に含むとした際の(8)のごときものであるということになるのではないか。そう考えた際の，言内と言外の意味の境界線はどこにあるかというと答えが出しにくくなる。一つの答え方は，(6)の言外の意味は，その一部に，言内の意味を含んでいるとすることであろう。が，重要なのは，「協調の原理」が守られていると考えられる限り，(6)が，無内容であるわけがないと考え，(8)のごとき解釈に至りつく解釈過程であるように思われる。

　同じく，can と speak を含む(10)の文は，どうか。

(10) Your husband can speak, Mrs. Westbrook.

(Larkin (1976))

この場合も，言内の意味にとどまる限り，一見すると，無内容であるように思われる。が，必ずしも，そうであるとは言えない。(11) のような二つの場合が考えられるからである (Larkin (1976: 387–398) 参照)。

(11) a. ある事柄を，誰の口から言ってもらうことにするか問題になっていたようなとき，「ご主人の口から伺ってください。ウェストブルックさん」という場合。
b. 手術の後などで，医者が，「さあ，ご主人もう話しても大丈夫ですよ，奥さん」という場合。

ただ，これらが言内の意味であるとしても，それが，単に「話すという言語能力をもっている」というだけの意味でないことは明らかである。(6) の場合もそうであったが，単にそれだけのことであるなら無内容に近くなるので，無内容でない解釈をするためには，場面から生ずる含みを重ねて考える必要があるということである。しかし，(10) には，このような，一見，無内容とも思われる場合の用法も可能である。つまり，(11) に述べられているような特別の場面的要素が加わらない場合で，その場合の言外の意味は，概略 (12) のごときものであるとしてよい。

(12) 奥さんは黙っていてください。ご主人の口から承ります。

興味深いのは，(10) に対して，たとえば，Mrs. Westbrook が (13) のように答えたとした場合である。

(13)　I know it.　（分かっております。）

われわれは，(10) には，(11) のような意味である場合と，(12) のような意味である場合とがあるとしたが，(13) の「分かっております」というのは，どちらの意味である場合についても，適切な応答でありうるか。否である。(13) は，(10) の意味を (11) であるとした場合にのみ，適切な応答でありうるものであって，(12) であるとした場合の応答ではありえない（Larkin (1976: 390) 参照）。

　このことを，もう少し一般化して考えてゆくと，ある言語形式が，ある脈絡でもつに至っている言外の意味は，これを言内の意味から切り離して，否定や疑問や確認などの対象とすることができるか，という問題になってくる。結論を先に述べると，それは，一般的には不可能である（Grice (1967: 10) 参照）。たとえば，(14) の文を，ある人が皮肉な言い方で用いたとする。

(14)　He is a splendid fellow.
　　　（あいつは，すばらしいやつだ。）

皮肉は，典型的に言外の意味をもつ発話の一つであり，この場合，その言外の意味は，(15) のごときものである。

(15)　まったくひどいやつだ。

もしも，(14) の発話を行った人に対し，聞き手が，そんなことはないと，(16) のような応答をしたとする。

(16)　No, he is not a splendid fellow.

この場合，(16) が，(14) の言外の意味 (15) の否定でありうる

なら，(17) の意味でありうることになる。

(17)　He *is* a splendid fellow.

が，一般には，そういうことはないというのである。つまり (16) は，(14) の言内の意味の否定でありうるにすぎない。結局，(16) は (14) の皮肉的言外の意味 (15) と異ならない内容を，言内の意味として（つまらなく）表現しているにすぎないということになる。

同様に，(18) の発話によって，(19) のような言外の意味が意図されている場合，

(18)　He has been visiting New York a lot lately.
　　　（彼は最近ニューヨークへよく出かけてるね。）
(19)　He has a girl friend in New York.
　　　（彼はニューヨークにガールフレンドがいるんだよ。）

(20) の形によって，(21) を意味することはできない。

(20)　No, he hasn't.
(21)　He hasn't got a girl friend in New York.

これらの例は，言外の意味だけをキャンセルすることは少なくともできないほど，言外の意味は言内の意味と密接に結びついているということを示しているものと考えることができるであろう。

第 11 章

言外の意味としてのメタファー

これまで，われわれは，主として Grice を援用しながら，われわれの会話には，一定の作法があるということ，この作法に，一見，違反しているように思われる例があっても，それらは，かえって，これらの作法の存在証明をなしていることが多いこと，さらに，こうした，隠れているために，その存在がより明確となる会話の作法に基づいて，問題となっている言語表現の言外の意味を，近似値的に計算することができるということなどを，いくつかの具体例について見てきたのであった。ここで，今度は，視点を少し変え，古くから修辞学で問題となってきている二つの現象を，順次，取り上げて考えてみることにしよう。一つはメタファーの問題であり，もう一つはアイロニー (irony) の問題である。

　メタファーをめぐる問題や論争は，きわめて多岐にわたっているが，ここでは，言内の意味と言外の意味というわれわれの視点に立つとき，どのような姿を呈するに至るか，ということを主にして考えてゆくことにしたい。手掛かりとして，(1) の例を見ることにしよう。

　(1)　The old professor emeritus is a rock.

(Matthews (1971: 424))

これは，誰が見ても，紛れのないメタファーである。もしも，(1) の文を，言内の意味にとどまって解しようとするなら，生きている人間のことを岩だといっているのだから，明らかに，偽りを述べていることになる。つまり，「偽りを言うなかれ」という「会

話の公理」に違反していることになる。が，周囲の状況から判断して，「会話の公理」は守られているとしか考えられないということであれば，(1)の意味は，言内の域にとどまっているはずがないというふうに考えられる。

　言内の意味にとどまっているはずがないのなら，言外の意味があるはずであることになり，それを計算しなければならないことになる。また，このような場合，(1)の言内の意味に基づいて，その言外の意味を計算することは，その聞き手によっても十分できると，話し手のほうで考えているからこそ，計算ずみでない形のままで，聞き手の前に，いわば，ほうり出しているのである。直接的で簡明な表現を避け，いちいち言外の意味を聞き手に計算させるというような遠回りをどうしてするのかというと，この場合も，もちろん，わけがある。この点については，後でまた立ち戻ることにするが，一般論として，一言でいうなら，効果的な，生き生きとした表現をするため，ということになるであろう。

　そうは言っても，こういう生き生きした効果的な表現が，話し手の意図したとおりに，いつも，うまく得られるという保証は，どこにもない。つまり，われわれは，メタファーについて論ずるとき，メタファーというのは，いつも，りっぱに出来上がっている既製品であるかのような態度をとりやすいが，そうではないということである。作り損ない，出来損ないはいくらでもありうるのである。メタファーを用いる人は，聞き手に対して，いわば，言外の意味の算定を求める問題を提示しているのであるから，もしも，そのメタファーが出来損ないであるのなら，それは，作題ミスということであり，意図された意味の算定は，当然のことながら，不可能となるが，その責任は，話し手の負うべきものであ

ることになる。そういう例は，FowlerのMEU (s.v. METAPHOR) に，いくつか集められている。(2)はその一例である。

(2) The means of education at the disposal of the Protestants and Presbyterians of the North were stunted and sterilized.
（北部地方の新教徒や長老教会員たちの自由になる教育の手段は，発育を阻害され，不毛となっていた。）

この文も，言内の意味にとどまろうとする限り，偽りを言うなかれという「会話の公理」に違反していることになる。stuntというのは「(植物や動物の)正常な発育を妨げる」ということであり，sterilizeは，「(動物を)不妊にさせる」，「(土地を)不毛にさせる」ということであって，「教育の手段」という動物でも，植物でも，土地でもないものは，こういう行為の対象とはなりえないものであるからである。そこで，（会話の作法が守られていると考えられる限りにおいて）聞き手は，言外の意味をくみ取るための計算をしなければならない羽目に陥るわけであるが，それは，作題ミスによって阻まれることになる。Fowlerの説明によると，(擬人化された) educationという語を用いる場合ならまだしも，the meansというのは，比喩的に用いられた際のstuntとかsterilizeとかいう動詞の意味と調和するためには，植物的・動物的である度合いが低すぎるものである。

われわれは，繰り返し，言外の意味の計算は，言内の意味を出発点とし，それに基づいて行われる旨を述べてきているが，メタファーの場合には，なお一層，このことを痛感する。言外の意味が問題なのであるから，言内の意味は何であってもよろしい，と

いうことにはならないのであり，言内の意味を表す言語形式の選択を誤れば，意図された言外の意味は伝わらないということである。以下，出来損ないでないメタファーについて主として考えてゆくことにするが，(1)のような例の場合，まず問題になるのは，その言外の，メタファーとしての意味は，どのようにして計算されるかということである。メタファーというのは，通例，隠喩と訳され，「暗にたとえる表現」というように国語辞典などでは説明されているが，「暗にたとえる表現」とか，「たとえを用いながら，それを，「如し」，「ようだ」等の明示的形式には出さない修辞法」などと言うだけでは，メタファーの本質的な部分は，少しも明らかにならないと思われる。

　結論的な言い方をするなら，メタファーというのは，もっと複雑なものであり，われわれがものを新たに理解する際の姿勢と根本的につながっている事柄なのである。「新たに理解する」ということの中には，人類にとって未知であった世界を新たに理解するという場合はもちろん，既知であると考えられている事柄に関しても，それを，従来とは異なった角度から理解するという場合をも，当然含むことになる。「暗にたとえる」というような言い方で間に合うのは，国語辞典の場合，それが，日本語を母語としている人々を対象とする，日本語に関する説明を与えるものであるからで，同じことは，英語を母語とする人々を頭において作られる英語辞典の場合にも言える。が，われわれのように，英語が外国語であるような人々にとっては，「暗にたとえる表現」という説明は，すぐに困ってくるのである。どうして困るかというと，「暗にたとえる」と言うだけでは，意図されている意味も，その計算法も，ちっとも分からないからである。意図されている意味

というのは，ここで言う言外の意味のことであり，言外の意味というのは，言内の意味を手掛かりとして得られるものであるから，メタファーに関する「困らない説明」というのは，問題とされる言語形式の，言内の意味を明らかにし，それに基づいて，意図されている言外の意味を計算する筋道を示してくれるような説明である。

　そういう説明は，可能なのであろうか。実は，そこが問題なのである。メタファーの場合，その意図された意味の計算は，他の場合の言外の意味の計算よりも，なお一層間接的であり，計算の筋道には，本質的に確定できない部分が，より大きな度合いにおいて，含まれているからである。逆に言えば，その不確定部分こそ，メタファーの命を成す部分でもある。したがって，その不確定部分をなくすわけにはゆかない。それをなくせば，メタファー自体もなくなってしまう。が，その不確定部分はどこにあり，また，それは，なぜ存在しなければならないのか，ということを明確にすることは，可能なはずである。つまり，対象が不確定なものであるからといって，それに関する記述自体も不確定なものであってよいということはない。それなら，意図された意味の計算は，どこまで可能で，それは，どのようになっているであろうか。

　まず，計算の基礎となる言内の意味に目を向けることから始めることにしよう。メタファーの場合，その意図された意味の計算において言内の意味が占めている重要性は，不当に，看過されているように思われるからである。このことを，一見，言内の意味が，ほとんど不要であるかに見える例についてみてゆくことにしよう。たとえば，メタファーを含む (3) の，意図された意味は，(4) のごときものであるとしてよいであろう。

(3)　He has a heart of stone.
(4)　彼は冷酷な心の人だ。

このとき，(3) の言内の意味としてよい (5) は，一見，ほとんど問題になってこないように思われる。

(5)　彼の心は石でできている。

しかし，(5) が問題になってこないように見えるのは，一種の錯覚によるものである。錯覚の原因は，一つには，(3) に含まれているメタファーが，いわば，メタファーとしては，死にかけている，生きの悪いメタファーであるからであり，さらに，もっと重要なことは，この場合，(3) が (4) を意味する英語のメタファーとして成立している事実に加えて，(5) もまた，(4) を意味する日本語のメタファーとして成立しているという事実が，偶然，重なっているということがあるからである。

「偶然」と言ったが，それはまさに偶然なのである。この偶然が，メタファー全体の中で，どれぐらいのパーセントを占めるかということは，興味ある問題であるが，実際は，算出不可能であると思われる。メタファーは，実質上，無限に生成することが可能であるからである。ただ，言語学近年の主潮である，人類共通の普遍的概念というような仮説を軸にして考えると，その偶然の生ずる確率は，決して低くはないかもしれない。けれども，ここで問題なのは，数の大小ではない。重要なのは，メタファーというものが，英語の場合も，日本語の場合も，言内の意味に，文字どおり，おんぶしているという点である。したがって，言内の意味の，いわば，オリエンテーションが，言語によって異なるなら，

その言内の意味に基づくメタファーのオリエンテーションも，言語ごとに異なってくることになり，要するに，メタファーには，原理的に，言語的国境があるということになる。

　先に挙げた (1) は，その好見本となるであろう。その言内の意味は (6) であるとしてよいが，意図されているメタファーとしての意味は何であろうか。

　　(6)　あの老名誉教授は岩だ。

(1) のメタファーは，Webster 3 版などにも見当たらないもので，それだけ生きはいいことになるが，計算は自前でしなければならないことになる。が，明らかに，それは，何であってもよいというものではない。a pencil, a taxi, a fox, an ox などではなくて，a rock であるのだから，少なくとも，a rock の言内の意味から引き出される意味の範囲内のものでなければならない。手掛かりは (6) しかないのである。が，答えを急いで，(7) としたらどうであろうか。

　　(7)　あの老名誉教授は石頭だ。

不可である。正解に近いのは，むしろ，(8) のごときものであろう。

　　(8)　あの老名誉教授，頑として説を譲らないね。

それはどうしてであろうか。少し先回りをして，結論的な述べ方をするなら，rock は stone と異なり，単なる固さに加えて，ゆるぎなき岩盤的基礎，安定感のある確固たる支えの意をもつということがあるからである。

第 12 章

メタファー解法の第一段階

言内の意味を出発点として，メタファーを含むとされる表現の，意図された言外の意味を推定する操作は，見かけよりもずっと複雑なものである。メタファーに関するおびただしい数の文献から，そのいわば解法に関する部分を抽出し，あるいは，再構成するという作業をしてみるとすれば，かなり多くの，互いに異なる答えが得られることになるであろう。それは，結局，メタファーという現象に内在している因子の複雑性を反映しているものであると思われる。複雑にからみ合っている因子のどの部分をメタファーの本質的部分であるとみなすかによって，メタファー論は，四方八方へ広がってゆく可能性をもっているということである。

　ここでは，諸家の意見を，一つ一つ比較考量するという作業には立ち入らず，わたしがこれまで接した限りのメタファー論の中で最も優れていると考えられるものについてだけ述べ（Alston (1964: 98-106) 参照），それをよるべき枠組みとして，いくつかのコメントを加えてゆくという形をとりたいと思う。また，メタファーの本質的な部分に触れない解法というものは考えられないので，解法論というのは，本質論でもあることになってくるであろう。さらに，メタファーの解法というのは，与えられたメタファーの意味を解く法であり，その限りで，受け身的な聞き手の立場からの考察であることになるが，他方，それが本質論であるなら，その限りで，創造的な話し手の立場からの考察にも，そのまま，換算できることになるであろう。

　結論的に言うと，メタファーの解法は，少なくとも二段構えで

あることを要する。まず，第一の段階として，与えられた言語表現の意味を，通例の解釈方式に従って求めるという作業が行われなければならない。「通例の解釈方式に従って」というのは，実際にはまだよく分かっていないところのある意味解釈方式に従って，ということになるが，第一段階の作業というのは，要するに，言内の意味を求めよ，ということであるにすぎない。どういう方式によっているものであるにせよ，言内の意味を計算するという作業が日常行われていることは事実で，その解明も意味理論にとっては大きな課題であるが，メタファーというのは，この言内の意味計算がすんだ後の，もう一つ上の段階に見られる現象であるので，ここでは，言内の意味解釈方式自体には，あまり立ち入らないでおくとしよう。

　また，一つの例にこだわるよりは，いくつかの例を同時に頭に置きながら考えてゆくほうが健全であろうから，簡単な例を，二つ三つ加えておくことにしよう。

(1) a. The man is a wolf.
　　b. His grandfather is a child when it comes to money.
　　c. He was in a stew.

生きは悪いにしても，とにかく，メタファーを含んでいるとすることができる (1) の各文に関する第一段階の作業は，それぞれ，(2) に示されている如き意味内容が得られたとき，完了していると考えてよい。

(2) a. その男はおおかみだ。

b. 彼の祖父は，金のことになると子どもだ。
　　c. 彼はシチューの中にいた。

ただ，第一段階の作業が完了したときに得られている意味内容とはどういうものであるのか，もう少し明確に規定しておく必要があると思われる。抽象的な，しかも，概略的な言い方を用いることしかできないが，これらの文の言内の意味内容というのは，ある場面が，その文によって正しく指し示されるために備えていなければならない条件の集合である，と考えることにしてよいであろう。それは，ちょうど，語の意味とは何であるかという問いに対して，ある事物（抽象概念や架空のものも含めるとして）が，その語によって正しく指し示されるために備えていなければならない条件の集合が，その語の意味であるとするのと平行的である。

　上で概略的に定義された意味における，文の言内の意味のことを文の指示条件 (denotative conditions) と呼ぶことにしよう。そうしておいて，(1) の各文の指示条件と，普通の，メタファーを含まない文，たとえば (3) の指示条件とを比べてみることにしよう。

　(3)　There is an ant in the lemonade.
　　　（そのレモネードの中には，蟻が入っている。）

レモネードの中に蟻が入っていることは，もちろん可能であり，また，実際に，そういう場面で，(3) の文が発せられたとしよう。そうすると，われわれが承知している場面の中には，(3) の文によって正しく指し示されるための指示条件を満たすことが可能な

ものが含まれており，この場合の場面には，事実，それらの指示条件が備わっているとしたことになる。これは，(3) の発話が，「偽りを言うなかれ」という「会話の公理」に違反したという非難を受けることなく発せられうるということを意味する。(1) の場合は，どうなるか。

　意図的にそういう例を選んだのではないが，(1) の各文における主語は，いずれも定表現である。the man, his grandfather, he というのは，いずれも，聞き手にとっても，誰であるか分かるはずであると話し手が思っている人物，要するに，すでに与えられている人物を指しているのである。つまり，これらの文の場合，述部で何が言われることになろうと，それとは別個に，それよりも前に存在しているとされるものを示していることになる。(1a) で言えば，the man によって指し示される人物の存在は，すでに与えられており，そのすでに与えられている人間について，おおかみであると言っているのである。

　したがって，「雪男」まがいの「おおかみ人間」というような動物でもいる場合は別として，そうでない普通の場合，この文によって正しく指し示されるべき指示条件を備えた場面は考えられないことになる。(1a) の文は，その指示条件を備えた場面が存在しえないのに，存在しているかのごとき言い方をしていることになる。つまり，偽りを言っているということであり，「偽りを言うなかれ」という「会話の公理」違反をしていることになるのである。(1b) も同様である。(1c) は少し異なる。シチューの中に人が入っていることは，不可能ではないからである。たとえば，(2c) と対比されるべき (4) の文をメタファーと解する人はいないであろう。

(4)　石川五右衛門は煮え湯のかまの中にいた。

そうすると，(1c) には，「会話の公理」違反がないことになるのであろうか。なんでもないことのようであるが，この点に関する明確な認識が，きわめて重要なのである。

　ここで決定的に重要なのは，共起場面という概念であろう。(1c) の場合，(4) における場面と相似の共起場面が与えられているなら，「会話の公理」違反はなく，(4) における場面と相似の共起場面がないのなら，「会話の公理」違反は存在することになる。相似的でない共起場面というのは，どんな場面でもよいというのではないが，少なくとも，「シチューの中にいる」のではない場面である。この角度から，(1c) と (1a) とを比べると，(1c) の場合には，「会話の公理」違反に問われないための共起場面の可能性はゼロではないが，(1a) の場合は，ゼロに等しいということになる。メタファーという視点から述べ直すなら，(1c) にはメタファー以外の解釈をする余地がゼロではないが，(1a) の場合はゼロに等しい，ということである。(1c) の場合，メタファーでない可能性はゼロではないと言ったが，日常的な経験というレベルにおいて，それがゼロに近い値であることを妨げるものではない。

　議論がやや細い枝道に入ってゆくと，見通しが悪くなるので，やや先回りをすることにもなるが，ここで，概括的な整理をし直しておくことにしよう。わたしは，最も優れたメタファー論として，Alston (1964) に言及したが，これは Henle (1958) にさかのぼるもので，論旨の特徴を縮約して名づけるなら，メタファーのアイコン説としてよいものである。アイコンは，後述するよう

に，メタファーの解法における第二段階において，かぎとなる概念である（下巻第17章参照）。Alstonと本書との違いは，Griceの「会話の公理」という，Alstonにはない概念が，本書では加わっているという点にある。Griceと本書との違いは，アイコン説というGriceでは言及されていない考え方が本書の基調をなすことになっている点である。さらに，共起場面というのは，多くの場合，暗黙のうちに，当然のこととして，仮定されていることが多いが，GriceにAlstonを重ね合わせた路線でメタファー論を展開させてゆく際でも，それは，暗黙の仮定ではなく，不可欠の条件であると考えられる。それが，どういうふうに不可欠の条件であるのかという点を，もう少し考えたいのである。

やや複雑な具体的な例として (5) を見ることにしよう。

(5) I stopped talking to the radicals because it is simply useless to chisel on granite walls.
（わたしは過激派の学生と話をするのはやめにした。花崗岩の壁にのみを当てるのは，まったくむだであるからだ。）

これは，Reddy (1969) から借用したものであるが，彼は (5) の後半の部分について，もしも，現代におけるアメリカの大学生活という脈絡が与えられるなら，それはメタファーと解されることになると説明している。そのとおりである。が，それはなぜなのか。Reddyの論も，一種の共起場面論と考えられなくはないが，共起場面というのは，むしろ，逆の方向で考えてゆくべきものであるように思われる。

メタファー解法の第一段階に限って言うと，共起場面の重要性

は，それが「存在すること」にあるのではなく，それが「存在しないこと」にあるとすべきであるように思われる。(1a) や (1c) の場合であれば，それらの言内の意味が成立するための共起場面が，発話場面にとって問題とされる形では存在していないということが重要なのである。(5) の場合，その後半の「花崗岩の壁にのみを当てるのはまったくむだである」という部分は，それだけ取り出せば，言内の意味のままで，十分に成立しうるものである。現代のアメリカ大学生活という場面が与えられていても，である。それがメタファーとして解釈されるのは，現代のアメリカ大学生活という場面があるからではなくて，この談話全体と共起する場面には，その指示条件を満たすものがないということに由来するものである。ややはしょった形で言うなら，(5) の発話が行われる場面には，問題とされる「花崗岩の壁」も「のみ」もないという確認が先決条件なのである。

同じことは，Reddy (1969) の挙げているもう一つの例で，さらに明らかとなるであろう。

(6) The rock is becoming brittle with age.

この the rock は，地質調査旅行の際なら「岩」の意であり，教授の部屋から出てきた学生の会話の一部なら，「頑固教授」の意になるという。地質調査旅行に頑固教授が付いていったとしたらどうなるか（下巻第 16, 17 章参照）。次の (7) のような場合もまったく同様である。

(7) They rolled out the red carpet for Margaret.
（彼らは，マーガレットのために赤い敷物を延べ（て歓

迎し）た。）

女王様が飛行場に到着するというような場合には，実際に，赤い敷物を延べて，その上をお歩きになるようにしつらえることが通例であるが，実際に赤い敷物を延べることをしなくても，心を込めて客をもてなすとき roll out the red carpet for ... という表現は，メタファーとして用いられる。したがって，客をもてなすというような場面が与えられているだけでは，メタファーの存在・非存在を決めることはできないはずである。

第 13 章

メタファーと選択制限違反

問題を提示しながら，宙ぶらりんのままにしているところがいくつかあるが，しばらくそのままにしておき，先を急ぐことにしよう。これまでの議論で，メタファー解法の第一段階に不可欠な要素は，結局，二つあることになったとしてよいと思われる。一つは，言内の意味を計算するという手順であり，もう一つは，メタファーを含んでいるとされることになる発話と結びついている指示条件を備えた共起場面が，問題となっている意味においては，存在していないという条件である。これらのうち，第一の手順がどうして不可欠であるかということについては，どのみち後述の必要があるので，ここでは，まず第二の点について，少し注釈を加えておくことにしよう。

　一般に，変形生成文法の枠組みとの関係でメタファーが論ぜられるとき，その出発点をなしているのは，Chomsky (1965) で明らかにされている選択制限違反という考え方であるとしてよい。Chomsky (1965: 149) は，概略，選択制限を破っている文は，少し複雑な，そして，適切な文脈が補われるなら，比喩的に (metaphorically)，特に，擬人法（personification）として解釈できることが，しばしばある旨を述べているのである。

　たとえば，通例，人間を主語として要求するという選択制限をもつ love という動詞の主語として，無生物が用いられているとすれば，選択制限は，この場合，当然破られていることになるが，それを含む文が，必ず，無意味，無内容であるとは限らないということになる。(1) の文について考えてみることにしよう。

(1)　Misery loves company.
　　　(みじめさは友を好む。)

　選択制限を破っているこの文が,「同病相哀れむ」の意のことわざとして用いられるに至っていることは, 言うまでもないであろう。が, ここで重要なのは, (1) が無意味ではないということではない。そうではなくて, むしろ, メタファーという修辞法上の問題が, それとはまったく別個に開発された言語理論によって, ついに解決の糸口を与えられたかに見えるという点である。

　かなり一般的な動向として, メタファーという問題に関心を抱いていた人々は, この選択制限という考えに飛び付いたというように言ってよいと思われる。それは, いわば, 修辞学という分野が, 長い年月, 言語学の中で与えられることを願っていた位置づけが, はじめて与えられるに至ったという安心感の裏返しでもあった。修辞学というのは, それだけ, 言語学から疎外されていた分野であったといってもよいし, 言語学の手が及ばなかった分野であったといってもよい。修辞 (rhetoric) とか, 修辞的 (rhetorical) というのは, ことばを効果的に美しく用いる技術という意味を込めて一般に用いられているが, そのかなりの部分は,「文字どおりの意味においてではないことばの使用」, つまり,「言外の意味」に関連をもっているものである。

　実際, 修辞法が言外の意味ということに関連をもっている場合は, 調べてみると驚くほどたくさんあり, ことによると, 語の並べ替えということにかかわる修辞的技巧を除くなら, すべて, 言外の意味ということが関係しているのではないかということを思わせるほどである。新しい言語学の道具立てを借りながら, こう

いった角度から，従来の修辞学用語を体系的に再整理することもできるのではないかと思われるが，ここでは立ち入らず，よく知られている例を二，三掲げるにとどめる。

(2) a. 誇張(法)(hyperbole)：
a thousand pities（遺憾千万）
b. 換喩(metonymy)：
He is too fond of the bottle.
（酒好きが度を越えている。）
c. 撞着語法(oxymoron)：
polite discourtesy（慇懃無礼）

メタファーや，その一種とされる擬人法はもちろん，(2)の各例においても，言外の意味が関係していることは，すでに一見して明らかであろう。

　確かに選択制限違反を含む文はメタファーとして解釈される場合がしばしばあるという Chomsky の発言は，その限りで，正しく，多くのメタファーが，この線で処理できるということも疑いない。けれども，これだけでは，メタファーの中には，選択制限違反のものがあるということが分かるだけで，メタファーの本質に迫ることは，到底できない。選択制限という考え方に基づいて，メタファーの本質に迫ろうとするなら，少なくとも，(3)のような主張が成立していなければならないであろう。

(3) a. 選択制限違反があれば，必ず，メタファーが成立する。
b. 選択制限違反がなければ，メタファーは，決して，成立しない。

(3) は (4a) または (4b) の形に言い替えてもよい。

(4) a. 選択制限違反があるなら，そして，選択制限違反がある場合に限り，メタファーは成立する。
   b. 選択制限違反は，メタファー成立の必要十分条件である。

ところが，まさに (4) と同じ主張をしている論文を，われわれは，実際にもっているのである。Matthews (1971) がそれである。この論文はそれより前に発表された Bickerton (1969)，さらには，Reddy (1969) に対する反論として書かれたものであり，各論者の主張は複雑に交錯しているが，どの議論も，決定的とか最終的とかいうものではないように思われる。ただ，ほかにもいくつかあるメタファー論が，これまでの哲学的・文学的メタファー論と異なって，メタファーを新しい言語理論とか意味理論の枠組みの中に定位させようとする意図を共通にもっているという点は，注目してよいことである。

ここでは，便宜上，最も明確な論点をもっている Matthews (1971) を一種のたたき台として，検討を進めてゆくことにしたいと思う。まず，(3) または (4) の主張が成立しないことを証明するためには，次の (5) が立証できればよい，ということは明らかであろう。

(5) a. 選択制限違反があっても，メタファーでないものがある。
   b. 選択制限違反がなくても，メタファーであるものがある。

問題は，(5a) にせよ，(5b) にせよ，その証明あるいは否定が，いずれにしても，一筋縄ではゆかないという点にある。が，(5a) から見てゆくことにしよう。

　まず，選択制限というのは，Chomsky (1965) に関する限り，厳密下位範疇化制限[1]と対比的に考えられているものであり，概略，選択制限は意味的な制限で，厳密下位範疇化制限は統語的な制限であるという違いはあっても，両者は，ともに，単語の分布に関する制限を定式化したものであり，選択制限という用語をややゆるやかに用いるなら，たとえば，Matthews (1971: 418) のように，その中に，厳密下位範疇化制限をも含めることができる。けれども，それをすると，(5a) を保持することは，たちまち不可能になる。(6) のように，違反はあるがメタファーはないという非文法的な文の例が，無数にあるからである。

(6)　The wrote story amusing mangentle an.

したがって，品詞の転用という別の問題がからんでくる場合は別であるが，一般論としては，メタファー論から，厳密下位範疇化制限違反は除くのが至当であると考えられる。

　それなら，狭い意味における，いわば，純粋の選択制限についてはどうであろうか。違反があれば，必ず，メタファーがあると言えるであろうか。具体的な例を少し見ることにしよう。

(7) a.　Poverty gripped the town.
　　　　(その町は窮乏にあえいでいた。)

　1.　概略，単語の品詞別結合制限をいう。(1) の文はそれに違反していないが，(6) の文はそれに違反している。

b. A faint hope still flickered in her breast.
      （かすかな希望が，なおも彼女の胸の中に揺らいでいた。）
   c. have a green thumb　（園芸がうまい）
   d. ?green ears　（世慣れていない人の耳；しっとに燃えた状態にある人の耳）
   e. a bachelor girl　（独身の職業婦人）
   f. I was stabbed to the heart by your cruelty.
      （あなたの残酷さに心臓までさされました。）

(8) a. *Ability gripped the town.
   b. *My faith in God still flickered.
      （私の信仰心はまだ揺らいでいた。）
   c. *have an orange toe
   d. *a pink program　（ピンク番組）
   e. *a spinster boy　（独身の男性）
   f. *His ears are far.　（彼の耳は遠い。）
   g. *She has stabbed my self-respect.
      （彼女は私の自尊心をぐさりとさした。）

(7d) は，Matthews (1971: 416) が，適切な脈絡が与えられるなら，「ほとんどいかなる (almost ANY) 逸脱文も，メタファーとして解釈が可能である」例として挙げているものである。(7)の諸例は，メタファーであろうとなかろうと，とにかく解釈が可能なものであり，(8) の諸例は，なんらかの選択制限に違反している，通例，解釈不可能な例である。日本語訳は，日本語の中では意味をなすが，英語の中では，そういう意味になることはない。

つまり，添えられている日本語，特に，(8d, f) などは，一種の誤訳である。

　誤訳といったが，本当は，誤訳しようにもできないものであるのかもしれない。こういう英語の表現は，まず，はじめから存在しようがないからである。欧米のメタファー論者は，(8d, f) のような例は，そもそも思いつくことさえできない仕組みになっているからである。むしろ，日本語から英語への誤訳というべきものであるのかもしれないが，それも，誤訳という語の非慣用的用法であることになるであろう。一般に，誤訳というのは，原文の意味を正しく理解していない場合に用いられるのであって，(8d, f) のような場合，原文の日本語に関する正しい理解がないということは，考えられないからである。

　いずれにせよ，(8d, f) の例は，選択制限違反があっても，メタファーは成立していない例とすることができるであろう。つまり，(5a) が立証できることになる。したがって，(3a) を救うためには，但し書きを必要とする。たとえば，Matthews (1971: 418, 424) が与えているような「適切な脈絡が与えられる限り」とか，「意味をなさない場合を除き」といったものである。しかし，(8a, b, e, g) のような例の存在は，このような但し書きをもってしても，(3a) を救うことはできないことを示していると思われる。

第 14 章

意味あり,形を求む

われわれは，選択制限違反があれば必ずメタファーが成立するとは言えない，ということをみてきた。それは，*His ears are far. のように，なんらかの選択制限違反があっても，少なくとも英語においては，意味をなさない場合があるからであった。意味をなさない言語表現がメタファーとなりえないことは自明であろう。したがって，上のような例を除き，選択制限違反があれば，必ず，メタファーが成り立つという主張を守るためには，「適切な脈絡が与えられる限り」とか，「意味をなさない場合を除き」という趣旨の但し書きが，当然必要となる。が，このような但し書きをもってしても，上の主張を守ることはできないと思われる旨を，やや急いで先回りした形で述べてきた。この点を，もう少し原理的に考えてみたい。

　それは，メタファーの存在基盤にかかわる問題でもある。Matthews (1971) は，「意味をなさない場合を除き」とさえ言っておけば，ことは落着したと言わんばかりであり，事実，それ以上の説明は何も加えていない。が，実際はまったく逆で，メタファー論の本質的な部分は，「意味をなさない場合を除き」という，いわば，隠れみのの中に，全部しわ寄せられているといっても言い過ぎではないであろう。

　たとえば，まず，「意味をなさない」というのは，「誰にとって」意味をなさないのであるか，ということが問題である。*a pink program というのは，日本人には，すぐ意味をなす表現ではないか。英語の厳密下位範疇化制限，つまり，品詞別結合規則，に違反していない語結合で，英語としては意味が通じないけれど

も，日本語に逐語的直訳をすると意味が通ずるという例はいくらもある。学生の卒業論文で，意味不明箇所に出会ったら，日本語に直訳してみるのが鉄則である。そうなると，「意味をなす」というのは，まず，「英米人にとって」であるというように考えなければならないことが明らかであろう。しかし，英米人といっても，決して一様ではない。green ears というのは，意味をなすと思う人もいれば，なさないと思う人もいる。

　そうなると，英米人の誰にとって意味をなせばよいのかということが問題になってくるが，これに対する直接的な答えはないであろう。この問題は，むしろ逆に，ただ一人の話し手にとってだけ意味をなす，というのであってはならない，というように考えてゆくべきものであろう。メタファーがどのような機能を果たす言語的機構であるかということについては，まだ触れていないが，それをどのように考えるにしても，相手に理解されないメタファーが，メタファーとしての機能を十分に果たしているという説をなすことは不可能に近い。したがって，意味をなすというのは，少なくとも話し手と，話し手が意図する名宛人とにとって，ということでなければならない。メタファーの生成や理解に個人差があることを考慮に入れると，この名宛人という集合の成員は，理論的には，一人から英米人全体に至る間の，どの地点のものでもありうるということになる。が，これではとりとめがなさすぎて問題にならない。けれども，次のように問うことはできる。名宛人の数は問わずに，話し手と名宛人との両方にとって意味をなす限り，常に満たされていなければならない条件は何であるか，ということである。

　この問いを，便宜上，英米人という広がりで考えるとすると，

結局，共通の言語的・文化的基盤の存在というようなことになるであろう。そして，一応は，こういう言語的・文化的基盤を共有している人々の間にあっても，よいメタファーとか，出来損ないのメタファーとか，意図された意味が伝わりにくいメタファーとかがあるということは，究極的には，メタファーが共通基盤に対してもつ「適切さ」という概念に還元されるであろう。この適切さという，きわめて人間的な概念は，おそらくは，ほかの学問分野におけると同様，最も規定しにくい概念の一つであり，メタファー論も，この概念までくれば，お手上げに近い。が，まったく手掛かりがないというわけでもない。

たとえば，一般に，メタファーの，いわば，焦点を担う語は，あまりに一般的な語であったり，あまりに特殊な語であったりしてはならないという制約があるように思われる。pig, rat, fox などがメタファーを担うことはあっても，addax, weevil, finback などが，メタファーを担う語として登場する機会は，通例，ないといってよい。いま，われわれの目の前に，一つの物体があるとしよう。それは，場合によっては，(1)に並べたどの語で呼んでもよいものであるとしよう。

(1) an animal — a mammal — a whale — a finback（ナガスクジラ）— a blue whale（シロナガスクジラ）

左側にある語が上位語（superordinate）で，右側にある語が下位語（hyponym）である。直観的に言うなら，特別の場合（特に，対照的な強調用法の場合）を除く限り，(1)の中で，メタファーを担う働きをもつことができるのは，whale だけではないかと思われる。一般化は明らかに困難であるが，上位語から下位語に

至る階層的物差しの, 両端ではないどこかに, メタファーを担うのに好適な地点がある, というように考えることができるであろう。

やや異なる場合として, (2) に並べた語について考えてみよう。

(2)　shake, tremble, quiver, flicker, roll, rock

shake は一般的な語であるが, 他は少しずつ特殊な制限が加わっている。通例, tremble は with fear と結びつき, quiver は with excitement と結びつく。flicker は「ろうそくの火」について, roll は「船の横揺れ」について, rock は「前後に揺れる」場合に用いる。こういう限定の加わっている語を, その限定の範囲を越えたところで用いることは, メタファーの場合にもできないのではないか。「決心が揺らいだ」というときには, shake とか waver を用いなければならない。既出 (第 13 章 (8b)) である (3) の文,

(3)　*My faith in God still flickered.

がいけないのは, いわば, flicker という語の内部構造を否定するような用い方をしているからである。(3) を救うためには, もしも可能であるなら,「わが信仰のともしびは, まだ揺らいでいた」という内部構造の英語に変えるか, shake に類する上位語を用いることになると思われる。

しかし, 実際は, もっと複雑であるように思われる。なぜかというと, 既出 (第 13 章 (7b)) の (4) の文は, 容認可能であるからである。

(4)　A faint hope still flickered in her breast.

つまり，flicker の主語が faith である場合は，flicker の内部構造を破っており，flicker の主語が hope である場合は，flicker の内部構造を破ってはいないことになる。これは，flicker できるものの中に，hope は含まれるが，faith は含まれないということである。それはどうしてなのか。faith というのは，hope とは異なり，通例，揺るぎないものであるからではないかとも考えられる。が，そうすると，次の (5) の場合に困ってくる。

 (5) My faith wavered.
   （私の信仰心は揺らいだ。）

(5) は容認可能な適格文であるからである。この場合，確かに，faith は waver するものとしてとらえられてはいるが，それは，ろうそくの火のような揺れ方ではない揺れ方であるからではないかというようにも考えられなくはない。けれども，waver という語自体，(6) に見られるように，ろうそくの火の揺れ方についても用いられるのである。

 (6) The candle flames wavered.

したがって，もう少し細かに考える必要があることになる。たとえば，ろうそくの火は，flicker することも，waver することもあるが，flicker のほうは「明滅する」場合で，waver のほうは「前後左右に揺れる」場合で，hope は，いわば，明滅的に揺れるもので，faith は，千鳥足的に揺れるものであって，faith が明滅的に揺れるというようなことはない，というのであるのかもしれない。そうであるのかもしれないが，信仰のともしびは，明るくなったり，暗くなったりすることは，十分に考えられることであ

り，hope と faith との間に，揺れ方に関し，本質的な違いがあるとするのはむずしいように思われる。

　そういう議論の進め方をする前に心得ておくべき，もっと困ることもある。*Webster* 3版 (1961) には，waver に対する説明の中に flicker, glimmer を与え，(7) の用例を挙げている部分がある。

(7) The thin light wavered and vanished and wavered again.
（そのかすかな明かりは揺らぎ，消え，また，かすかに光を放った。）

つまり，waver には，少なくとも，flicker と重なる用法もあるということで，そうなれば，(3) の非容認性を理詰めで説明することはできなくなるのかもしれない。もしそうであるなら，faith と flicker とは，慣用的な連語 (collocation) によって結合することを許されない語項目同士であり，単に，相性の悪い語項目同士であるとしか言いようがなくなることになってくるであろう。

　したがって，語の内部構造に関する違反の有無ということについては，概略，他の点では問題がないと考えられるメタファーは「語の内部構造に関する違反のないことが明白であるなら容認可能であることが予測される」という弱い形の主張ができるだけで，その他の場合には，あまりはっきりしたことは言えないことになるのかもしれない。明白な違反のある場合，たとえば，次の (8) のような場合，メタファーは成立しえないというように言うことが，おそらくできると思われる。

(8) *The dandelion breathed its last.
（そのタンポポは最後の息を引き取った。）

けれども，どういう場合を，明白な違反のある場合であるとするかということになると，依然として，問題が残ることになるのではないかと思われる。

上下関係がからんでいるもう一つ次の例についてはどうであろうか。(9) は非文法的であるが，(10) の形なら，文法的な文となる (Bickerton (1969: 50))。

(9) *to scratch/*stab/*cut/*slash someone's pride/feelings/reputation
(10) to wound/hurt someone's pride/feelings/reputation

(9) の動詞が (10) の動詞の下位語であることは，明らかであろう。[1] 色彩語の場合は，もっと明白である (Bickerton (1969: 50))。(11a) はよいが，(11b) の形は，用いたくても，用いることはできない。

(11) a. red agitators（過激派の扇動者）/ have green fingers（園芸がうまい）
    b. *vermilion revolutionaries/*ultramarine hands

これらの考察によって，メタファーの適格性に関する条件が十分に明らかになったとはとても言いがたいが，大体の見当で言う

---

1. 前章の (7f) I was stabbed to the heart by your cruelty. が文法的なのは，stab の内部構造が明らかに守られているからであると考えられる。

なら，特に下位語を用いなければならないという（たとえば，対照強調などの）理由がない限り，メタファーを担う語は，分類的階層において，問題となっている語よりも上位にある語を選ばなければならないということになるであろう。しかし，同時に，それは，階層の最上位に近いところに位する語であってはならない。後述の「メタファー解法の第二段階」（下巻第17章参照）における叙述などからも明らかなように，いわば，メタファーの香りが抜けてしまうからである。たとえば，He wounded my pride. における wounded の代わりに，ほとんど最上位語句といってよい do something を用い，He did something to my pride. などとすれば，メタファーのパンチは，ほとんどないことになるであろう。

そうすると，一般論としては，メタファーを担う語として，下位の語を選べば選ぶほど，そのパンチ力は強く，鮮明な印象を与えることになりうるが，特にその必要がないのに，みだりに下位の語を選ぶと，そのメタファーは，息を吹き込まれ損なうことになるということである。[2] これらの考察は，また，メタファーというものに，言語・文化の，いわば，国境があるということを，原理的な形で示していると思われる。

メタファーにおいては，何が意図されているかということと同

---

2. Winter (1972: 564) は，メタファーを担うことになる要素の意味素性が下位のものであればあるほど，情報量が大きく，したがってそのメタファーは有効なものとなる旨を述べているが，これが，重大な但し書き，すなわち，「それが容認可能なメタファーとして成立する限りにおいて」という但し書きを必要とするものであることは明らかであろう。

じく，あるいは，それ以上に，どのような「言い様」を用いているかということが問題で，その言い様というのは，言語ごとに異なりうるものであるからである。われわれは，メタファー解法の第一段階が言内の意味の計算にあると述べたが，これが不可欠の手順であるということは，とりもなおさず，言内の意味に写像されるべき，いわば，言内の言語形式（内部言語形式と呼んでもよい）が不可欠であるということである。日本語には，「真っ赤なうそ」はあるが，「白いうそ」や「黒いうそ」はなく，英語には，white lie や black lie はあるが，red lie はない。色彩語としての「赤」は，「白」と「黒」の両方と対立関係にあるが，「真っ赤なうそ」は，white lie（善意のうそ），black lie（悪意のあるうそ）に対して，色彩語的対立関係にあるものではない。つまり，「紅白（歌合戦）」とか「白黒（フィルム）」，「赤と黒」[3] などの対立的用法があるからといって，「真っ赤なうそ」に対し，「真っ白なうそ」や「真っ黒なうそ」があるわけではなく，同様にして，white lie や black lie に対して red lie があるというわけではない。これは，いくらもある例の一つにすぎないが，言内の言語形式には，それぞれのお国ぶりがあるということである。その背後に文化があることは言うまでもない。

　ただ，メタファーに国境があるということは，翻訳や輸出入が常に不可能であるということを意味するものではない。英語のメタファーの直訳が日本語のメタファーとしても通用するというこ

　3.　『広辞苑』（岩波書店）によると，「赤」は，一説に，「くろ（暗）」の対で，原義は「明」の意という，とある。

とは,珍しくない。そういう場合は,たまたま,両言語の言内の言語形式が一致しているということである。どういう場合により多くの一致が見られるかということに関する一般化は困難であるが,多少の見当がつけられないわけではない。たとえば,メタファーを担う部分の言語形式が,語・句・節・文というように,大きくなるにつれて,一致の見られる度合いも大きくなる,ということは言えるであろう。辞書も注釈もない場合,She is the cream of my office.(わが社の花だ)というようなものよりは,文の世界をはるかに越えているアレゴリーのほうが,外国人には分かりやすいということである。このことは,一般に,異質の2言語間で翻訳を行おうとする際,翻訳の対象となっている言語単位が,語・句・節・文・パラグラフ,あるいは,それ以上の単位,というふうに,大きくなればなるほど,翻訳しにくさの度合いは減少するということと無関係ではないと思われる。

　文化や生活様式の基盤に共通点が見られる場合,異なる言語間のメタファーが,ほぼ直訳的な形で容認可能となりやすいということも,当然予想されるところであろう(第12章における(1b),(2b)の例などを参照されたい)。逆に,文化の,いわば,集中度ともいうべきものに差がある場合,直訳的メタファーが容認不可能となる度合いは,きわめて高いと言わなければならない。たとえば,次の(12)は英語のメタファー,(13)は日本語のメタファーとしては適格であるが,これらを,それぞれ,日本語,英語に直訳しても,容認可能なメタファーが得られる見込みは,かなり低いと言ってよいであろう。

　(12)　Time galloped by.

　　　　（時がギャロップで駆けていった。）
(13) a.　ふところが暖かい。
　　 b.　袖にする。
　　 c.　袖をしぼる。

　メタファーに国境ありというのは，許容される言内の言語形式に言語ごとの差があるということである。が，考えてみると，同一言語内においても，これと相似の現象のあることに気づく。つまり，たとえば，(12) のような言い様は，英語では許されるのに，日本語では許されにくい，というのと平行的に，英語の中自体においても，一般的な文法の規則（厳密下位範疇化制限）には違反せず，選択制限には違反し，ともに意味をなすものでありながら，許容されるものと，許容されないものがあるということである。(9) と (10) とが，そのよい例である。すなわち，(9) も (10) も意味をなす表現であり，ともに，選択制限には違反している例であるけれども，(9) のほうは適格なメタファーではなく，(10) だけが適格なメタファーであるとされる。(9) が適格なメタファーとなりえない原因は，結局，その言い様，つまり，そのメタファーを担うべき言内の言語形式自体が，((9), (11) の例に関する説明の中で述べた意味において) 不適格なものであるからである。したがって，意味をなす表現である限り，選択制限違反があれば，必ず，メタファーがある，とする Matthews (1971) の説は，成り立たないことになる。

　もう少し一般化して言うと，「意味があれば形があるとは限らない」ということになる。上では，選択制限に違反している例を主として考えたが，このことは，選択制限違反のない場合にも当

てはまる。たとえば，黄色のワインというのは，実際に存在しうる。が，これを *yellow wine ということはできない。実際には「かっ色」のコーヒーであっても，通例，brown (coffee) とは言わないし，実際の肌の色が「ピンク」の人々であっても，pink people とは言わない。英語では，それぞれ，white wine/white (coffee) [white coffee は「ミルクを入れたコーヒー」]/white people ということになっている。やくざの使う符牒（ふちょう）は，code の一種であるが，文章化されていないからといって，unwritten codeと言うことはできない。「不文法（ふぶんぽう）」というような別の意味になってしまうからである。電気毛布の次には，座ると温かいいすが発売されるかもしれないが，これを electric chair と呼ぶことはできない。日本語でも「電気いす」と言えば，死刑用であり，同じことが言える。寝違えて首がよく動かなくなった人に「首が回らないんですね」ということば遣いを用いる医者は，たとい診察室という特定の場所の中でも，不用意というべきであろう。

　こういう例ばかり並べると，これらの表現と結び付くべき意味は，いわば，先客に先取りされているので，新参の意味の入り込むすきがないのであるというふうに考えられ，また，それは，これらの例に関する限りそのとおりであると思われるが，すべての場合がそうであるわけではないことにも十分留意する必要がある。たとえば，既出例 *yellow wine のような場合，いわゆる先客はいないにもかかわらず用いることができない場合の例であり，また，「鼻を高くする」という表現は，整形手術の発達以前の固定した表現で，「自慢する」の意が，すでに，先客として固定化しているものと考えられるが，整形手術によって，実際に，鼻を高くする場合，先客の存在によって，その使用が不可能とな

るわけではない。

　いずれにせよ，意味はあっても，言内の言語形式によって，拒否され，特定の具現化が阻止される場合があるということは否定できないであろう。これは，選択制限を勝手に破っているように見えるメタファーにおいても，選択制限違反様式に関する一定の文法があることを示していると同時に，自由奔放に見えるメタファーも，言語形式の最後の壁を破ることはできないことを示しているように思われる。

第 15 章

選択制限違反のないメタファー

選択制限違反があれば，必ずメタファーがあるという主張は，多少の但し書きを付けても成り立たない旨を述べてきたが，今度は，選択制限違反がなければ，メタファーは決して成立しないか，という問題を少し考えてみることにしよう。この場合も，議論の余地がないわけではないが，結論的には，選択制限違反がなくても，メタファーは成立しうると考えるのが正しいと思われる。

　まず，具体的な例について見てゆくことにしよう。次の (1)，(2) は，いずれも既出の例である。

(1) The rock is becoming brittle with age.
(2) I stopped talking to the radicals because it is simply useless to chisel on granite walls.

これらの例に，選択制限違反はない。また，この点に関する限り，意見の不一致もないと思われる。意見が分かれうるのは，(1) や (2) が，メタファーを含んでいる表現でありうるかという点に関してである。そういうことが，そもそも，問題になりうるのであろうか，と不思議な気持ちもしないではないが，現に，(1) の文について Matthews (1971: 423) は，メタファーではないと言明しているのである。(1) には，概略，(3) に示す二とおりの意味がある。

(3) a. その岩は，年代がたっているので，もろくなっている。
　　b. あの頑固屋さん，年のかげんで扱いにくくなってきた。

(3a) は文字どおりの言内的意味であって、問題はない。Matthews が問題にしているのも (3b) のほうである。(1) が (3b) の意味である場合、それは、文字どおりの意味ではなく、メタファーでもないということになってくるが、そうすると、(1) はいったい何であることになるのか。Matthews (1971) では、(1) 自体はメタファーではないが、その根底には、別の、(4) のようなメタファーがある、というふうに考えられている。

(4) The old professor emeritus is a rock.

しかし、Matthews のように、「(1) はメタファーではない」という仮定を出発点とするなら、少なくとも (3a) の解釈は、メタファーでない (1) の解釈の中に入っているはずであり、メタファーでない (1) の根底に、(4) があるとするのであるから、メタファーでない (3a) の解釈を受ける場合の (1) の根底にも、(4) があることになってくる。

これは、誰にとっても困る帰結である。それは、この仮定が、(3a) と (3b) との区別をする能力のないことを示していることになるからである。このことは、もう少し別の観点から考えてみることもできる。(1) と (4) とは、rock という共通部分に注目して比べてみると、どこが異なっているか、という問題である。(1) が (3b) の意味である場合、the rock は、場面から分かるはずであると考えられている「老教授」を指している。(4) の a rock も、場面から分かるはずであると考えられている「老教授」について用いられているものである。つまり、rock という語を「老教授」について用いているという点は、(1) も (4) もまったく同じなのである。

だから，(1) も (4) もメタファーを含む表現であるとすれば問題はないのであるが，それを Matthews があえてしないのは，選択制限違反がメタファー成立の必要条件であるという主張を後生大事に守りたいからであろう。しかし，結論的に言えば，このことによって，Matthews は，選択制限違反という概念を救って，メタファーを殺すという結果を招来しているといってよい。(1) の根底には (4) のようなメタファーを含む文があるというような論法を用いるとすると，(2) の後半部の根底には，どのような文があるというのであろうか。彼の説に基づいて答えることはできないと思われる。やはり選択制限違反はない (5) はどうであろうか。

(5) a. ロビンは，自分でなった縄で自分を縛っている。
 b. 彼はどろ沼に落ち込んでいる。
 c. 私は，刀折れ，矢尽きた。

選択制限違反がない以上，Matthews は，(5) がメタファーであることはないと言明するであろう。わたしはその言明に賛成しないが，それにしても，(5) の根底にあって，メタファーを含むとされる文はどのようなものであると，Matthews は言うつもりなのか。やはり，答えに窮するのではないか。

　一般に，メタファーについて論ずるとき，選択制限違反ということを持ち出す学者は少なくない。Thomas (1969: 37) などは，Matthews 同様，選択制限違反が，メタファーの不可欠要素であると考えている。すでに見てきたように，選択制限違反をメタファー論の中心にすえようとする試みには，無理もないという面があった。従来のメタファー論における理論的不毛性ともいうべ

き状態を考えるなら、それは、むしろ、当然行われてしかるべき試みであったとしてもよいくらいのものである。が、選択制限違反ということがメタファーの必要条件でも十分条件でもないということは、これまでの考察によって明らかであろう。

それなら、選択制限というのは、メタファーと無関係であるか、と問うなら、それに対する答えは、イエスでもあり、ノーでもありうる。メタファーを含むとされる形式に、選択制限を破っているものがたくさんある、ということは事実である。その限りで、両者は無関係ではない。が、メタファーの中には、選択制限に違反していないものもたくさんあるのであるから、このことを考慮に入れるなら、選択制限違反というのは、メタファーにとって、偶発的、付随的なものであるにすぎない、というように考えることも十分に可能である。そうすると、これらのことは、むしろ、メタファーというものが、もっと別の角度から考察されるべきであるということを示唆していると考えることができるであろう。

メタファーを選択制限違反と直接的に関係づけようとする考え方には、どちらかというと、メタファーを、機械的にとらえようとする傾向があるように思われる。それは、メタファーを、表面的に、いわば、外側から、静的に、しかも、抽象的に、とらえようとすることの自然な結果であるとすることができるであろう。そうすることによって、結局は、メタファー自体を殺す結果になっているのである。どうすれば、生きたままのメタファーを料理できるかというと、それは、メタファーを、いわば、内側から、もっと動的にとらえようとすることによってであろう。しかし、動的にとらえるといっても、その、いわば、創作心理過程とでもいうべき段階にまで踏み込むことはできないので、ここでは、メ

タファーが担う言語的な機能について，少し考えてみよう。

　選択制限との関連で言えば，まず，重要であるのは，メタファーには，選択制限に違反しているものがたくさんあるということではなくて，メタファーとされるものにおいてだけ，なぜ選択制限違反が許されるのか，ということである。普通の文で選択制限違反をしていれば，たとえば，よく引かれる (6) の例におけるように，たちまち，非文法的な文とされるのである。

　(6)　*Golf plays John.

にもかかわらず，いったん，メタファーの世界のこととなると，選択制限違反は，大手を振ってまかり通っている。というより，違反があるかないかというような配慮は，吹き飛んでしまっている，というべきであろう。こういう，吹けば飛んでしまう選択制限の特性は何に由来し，他方，これを吹き飛ばしてしまうメタファーの，いわば，バイタリティーは何に由来するのであろうか。

　標準的な言語学の文献で言われている選択制限というのは，一言でいえば，「自然に対してかざされた鏡」であるとしてよい。現在の，あるがままの常識的な具体世界（と思われているもの）を反映している形で，どういう意味の語が，どういう意味の語と（いわゆる文法的規則は守っているとして）結びつきうるかということを定式化したものである。たとえば，play という語は，人間を表す語が主語に，ゲームなどを表す語が目的語にこなくてはならないとされる。しかし，ゴルフにおいて神技に近いプレーをしている人とか，ゴルフに，いわば，魅入られているかに見えるような人について，「ジョンがゴルフをしているのではなくて，ゴルフがジョンを動かしているみたいだ」というような場合な

ら，(6) のような文が，まさに必要となってくるであろう。

　所有を示す own という語の選択制限を，主語には人間を表す語を，目的語にはものを表す語を必要とする，というように決めるとすると，(7) のような文を用いることはできなくなってしまう。

(7) a.　John owned the man.
　　b.　The dog owned the big farm.

けれども，奴隷の国について書くとき，(7a) は当たり前の表現であるはずであるし，テレビタレント並みの名犬について，(7b) の表現があらかじめ禁ぜられているというのでは，言語はその用をなさないことになり，いかにも味気ない。要するに，言語学的常識における選択制限というのは，たいへんに窮屈な，散文的なものである。それは，躍動する言語というようなイメージとの対比においてみるとき，いかにも小さく，日常的，惰性的世界の壁の中でしなびているという感じを与えるものである。

　現実を離れた世界，特に，想像の世界，未知の世界，おとぎ話の世界，詩の世界などは，大部分がそのらち外にはみ出してしまうことになる。けれども，これは，選択制限という概念がまったく無用のものとなったと言っているのではない。ただ，それが有用なものとして生き残るためには，従来よりも細かな考察を必要とするであろう。ここで深入りすることはできないが，たとえば，選択制限は，すべて，意味的なものであるとする説には，議論の余地があると思われる。もしも，それが，純粋に意味の世界の問題であるのなら，それは，万国共通であることになり，日本語的思考からの類推で，英語における選択制限の問題は，すべて処理

できるはずであることになる。メタファーには国境なし，という誤った結果に陥ることにもなるであろう。しかし，メタファーの世界においてなら許される選択制限違反と，メタファーの世界においても許されない選択制限違反との区別は，日・英両言語を比較するとき，きわめて顕著になってくる点なのである。こういう点を細かに調べてゆけば，いかなる手段をもってしても，転用や修正をいっさい受け付けない，文法的・意味的な「核」のごとき部分を，それぞれの言語における単語に固有の言内的特質として取り出すことが可能となるかもしれない。既出の flicker とか stab の例，あるいは，disperse（散る）の主語として，the crowd や the clouds はよいが，the cloud, the rumor, a leaf などは用いえないというようなことを参照されたい。

　ただ，注意すべきは，たとえば，disperse について言うなら，次の (8) のような文が常に不可能であるというのではないという点である。

　　(8)　The dog dispersed.

通例の状況であれば，もちろん，(8) は不可能である。けれども，たとえば，孫悟空なみの犬がいて，襲いかかってくる外敵から自分の身を守ろうとする際，幻術のごときものによって，自分の分身をいくつも作り，それらの分身を，四方八方にパッと散らせたとする。そういう場面においてなら，(8) は当然可能となるはずである。この場合，disperse の中核的な部分は，そっくりそのまま保たれているということで，そうなれば，(8) は，disperse という語の中核的な部分を破っている例ではなくて，むしろ，それが守られていることを証明する例であることになる。

まったく同じことが，次の (9)-(11) の例についても言えるであろう。用例は，Reddy (1969: 245) のものである。

(9) Excuse me, but your air is dripping on the table.
（失礼ですが，あなたの空気がテーブルの上にしたたり落ちてますよ。）
(10) How hard can you push on that air before it will break?
（あの空気は，どれぐらい強く押すとこわれますかね。）
(11) As I got out of my car, I saw my house cracking and roaring and floating away into the atmosphere.
（車から降りると，私の家がパチパチいい，うなりをあげて，天空に舞い上がってゆくのが見えた。）

(9) や (10) の発話が，日常的，常識的な場面で行われることはないが，実験室の中でならきわめて当たり前の発話でありうる。その場合，(9) の drip や (10) の break の意味構造がこわされるということはない。むしろ，これらの動詞の意味構造に合うように，air の中身が変わっていることを示している例である。(11) も，わが家が火事になっている場面の描写としては，十分にありうることで，house は，この場合，crack や roar や float の意味構造を破壊しているものではない。

以上，メタファーが，いわば，大手を振って，選択制限を破っている例があっても，その自由幅は決して無制限ではなく，（メタファーでない表現によってはもちろんのこと）メタファーによっても破りえない言語形式の壁のごときもののある旨を述べてきたが，こういうことを承知したとしても，一般論としてみれ

ば，依然としてメタファーは，自由自在で，制限はほとんどないかのごとくであるという点が強調されてしかるべきであろうと思われる。人間は，自らの作った言語によって，その思考様式を規制され，束縛され，画一化されているという面があるが，メタファーの使用は，こういう言語の束縛に対する人間の反逆と復讐とを示しているものである。生きのよいメタファーに見られる，俗世界の選択制限など吹き飛ばしてしまうダイナミズムもそこに根差している。

参考文献

Alston, W. P. (1964) *Philosophy of Language*, Prentice-Hall, Englewood Cliffs, NJ.

Bickerton, D. (1969) "Prolegomena to a Linguistic Theory of Metaphor," *Foundations of Language* 4, 34–52.

Chomsky, N. (1965) *Aspects of the Theory of Syntax*, MIT Press, Cambridge, MA. [安井稔(訳)『文法理論の諸相』研究社]

Chomsky, N. (1972a) *Language and Mind*, Enlarged edition, Harcourt Brace Jovanovich, New York. [川本茂雄(訳)『言語と精神』河出書房新社]

Chomsky, N. (1972b) *Studies on Semantics in Generative Grammar*, Mouton, The Hague. [安井稔(訳)『生成文法の意味論研究』研究社]

Cohen, L. J. (1971) "Some Remarks on Grice's Views about the Logical Particles of Natural Language," *Pragmatics of Natural Languages*, ed. by Y. Bar-Hillel, 50–68, D. Reidel, Dordrecht.

Cohen, L. J. and A. Margalit (1972) "The Role of Inductive Reasoning in the Interpretation of Metaphor," *Semantics of Natural Language*, ed. by G. Harman and D. Davidson, 722–740, D. Reidel, Dordrecht.

Fillmore, C. J. (1971) "Entailment Rules in a Semantic Theory," *Readings in the Philosophy of Language*, ed. by J. F. Rosenberg and C. Travis, 533–548, Prentice-Hall, Englewood Cliffs, NJ.

Fowler, H. W. (1926) *A Dictionary of Modern English Usage*, Clarendon Press, London. [*MEU*]

Fraser, B. (1974) "Review of J. Searle, *Speech Acts*," *Founda-

tions of Language 11, 433-446.
Geis, M. L. and A. M. Zwicky (1971) "On Invited Inferences," *Linguistic Inquiry* 2, 561-566.
Grice, H. P. (1957) "Meaning," *Philosophical Review* 66, 377-388. [Reprinted in *Semantics: An Interdisciplinary Reader in Philosophy, Linguistics and Psychology*, ed. by D. D. Steinberg and L. A. Jakobovits, 1971, 53-59, Cambridge University Press, Cambridge.]
Grice, H. P. (1967) "Logic and Conversation," Unpublished manuscript.
Grice, H. P. (1975) "Logic and Conversation," *Syntax and Semantics* 3: *Speech Acts*, ed. by P. Cole and J. L. Morgan, 41-58, Academic Press, New York.
Henle, P. (1958) "Metaphor," *Language, Thought, and Culture*, ed. by P. Henle, 173-195, University of Michigan Press, Ann Arbor.
Householder, F. W. (1971) *Linguistic Speculations*, Cambridge University Press, Cambridge.
Karttunen, L. (1971) "Counterfactual Conditionals," *Linguistic Inquiry* 2, 566-569.
Larkin, D. (1976) "Some Notes on English Modals," *Syntax and Semantics* 7, ed. by J. D. McCawley, 387-398, Academic Press, New York.
Lehrer, A. (1974) *Semantic Fields and Lexical Structure*, North-Holland, Amsterdam.
Levin, S. R. (1977) *The Semantics of Metaphor*, Johns Hopkins University Press, Baltimore.
Matthews, R. J. (1971) "Concerning a 'Linguistic Theory' of Metaphor," *Foundations of Language* 7, 413-425.
Mooij, J. J. A. (1976) *A Study of Metaphor*, North-Holland, Amsterdam.
太田 朗 (1974)「叙実述語」『英語展望』No. 47. [太田 (1977)『英語学と英語教育をめぐって』(ELEC) に収録]
Quirk, R. and S. Greenbaum (1973) *A University Grammar of*

English, Longman, London.

Reddy, M. J. (1969) "A Semantic Approach to Metaphor," *CLS* 5, 240–251.

Ruhl, C. (1973) "Prerequisites for a Linguistic Description of Coherence," *Language Sciences* 25, 15–18.

Thomas, O. (1969) *Metaphor and Related Subjects*, Random House, New York. [田中春美・高木道信(訳)『比喩の研究——言語と文学の接点』英潮社]

Webster's Third New International Dictionary of the English Language, 1961, Merriam Webster, Springfield, MA. [*Webster* 3 版]

Winter, W. (1972) "A Proposal Concerning Metaphor," *Studies for Einar Haugen*, ed. by E. S. Firschow et al., 562–567, Mouton, The Hague.

Ziff, P. (1967) "On H. P. Grice's Account of Meaning," *Analysis* 28, 1–8. [Reprinted in *Semantics: An Interdisciplinary Reader in Philosophy, Linguistics and Psychology*, ed. by D. D. Steinberg and L. A. Jakobovits, 1971, 60–65, Cambridge University Press, Cambridge.]

Ziff, P. (1972) "What Is Said," *Semantics of Natural Language*, ed. by G. Harman and D. Davidson, 709–721, D. Reidel, Dordrecht.

索　引

1. 日本語はあいうえお順で，英語で始まるものはABC順で最後に一括した。
2. 数字はページ数を示す。

事　項

[あ行]

アイコン　100
　アイコン説　100, 101
相手の好意　42, 48
相手の能力　42
あいまいさ（ambiguity）　74
　あいまいさの除去（disambiguation）　13
アイロニー（irony）　72, 74, 88
新しい言語学　107
新しい情報　63, 64
アレゴリー　123
逸脱文　111
一般的な語　116, 117
偽り　50, 72, 88, 90, 99
意図　44-46, 48, 71, 74, 76, 79
　意図された意味　92
　意図された意味の計算　92
意味情報　2
意味素性　121

意味的非通常性　16
依頼　38, 39, 42
依頼文　39
隠喩　91
うそ　53, 54, 72
英語　39, 41, 57, 91, 93, 111, 112, 114, 117, 122-125, 133
英語辞典　91
英米人　115
お国ぶり　122
思いやり　44, 46
　思いやり表現　41

[か行]

下位語（hyponym）　116, 120, 121
外国人　123
解釈する動物　70
解釈人間　71
解釈方式　97
階層的物差し　117
会話の決まり　49

会話の公理（Conversational Maxims） 49, 52, 53, 55-57, 60, 61, 63, 65, 67, 70-74, 76, 78, 80, 88-90, 99-101
　「会話の公理」違反　75, 80, 81, 100
会話の作法　49, 63, 88, 90
拡大標準理論　2
過去
　過去における非現実　32
　過去の事実に反する仮定　29, 30
火星人　38
担ぐ　81
仮定法過去完了　29, 32
含意　25, 30, 33, 46, 72
含意動詞（implicative verb）　33, 39
関係　50
簡潔　50, 78
間接的な表現　41, 46, 47, 49
換喩（metonymy）　108
慣用化　79
慣用性　40
　慣用性の度合い　32
慣用的な（conventional）　31
　慣用的（な）言外の意味　33, 37, 39, 40
　慣用的でない言外の意味　31
　慣用的な度合い　40
関連　50, 57, 62, 65, 66, 71, 72
　関連のない発話　66, 67
聞き手の立場　4

ぎこちなさ　48
擬似自動詞　16
擬人法（personification）　106, 108
既知項　14
逆算　46
ギャップ　44, 46
　ギャップの埋め方　46, 47
キャンセル　85
共起場面　100-102, 106
協調の原理（Cooperative Principle）　49, 61, 70, 82
近似値的　88
　近似値的測定　3, 4
計算　46, 49, 61, 71, 81, 88-92, 94, 97, 106
　計算という好意　48
言外の意味　2-6, 8, 10, 11, 22, 23, 26, 30-34, 39, 40, 42, 44-46, 48, 49, 52, 57, 58, 61, 62, 67, 71, 78-81, 83-85, 88-92, 96, 107
　言外の意味算定の基礎　50
　言外の意味算定（方式）　72, 89
　言外の意味の計算（法）　47, 53, 63, 72, 73, 76, 90
　言外の意味の測定　4, 6, 8, 50
　一定の言外の意味　79
言語学　107
　言語学的常識　133
　言語学的に有意義な概念　13
言語記号の恣意性　20
言語形式

言語形式の意味　2
　　言語形式の(最後の)壁　126,
　　　135
言語心理学的配慮　55
言語的・文化的基盤　116
言語的慣用性　40
言語的国境　94
言語的な機能　132
言語表現の外側　3
言語理論　107, 109
現在完了形の主語　29
現実世界　47
言内的意味　129
言内と言外の意味の境界線　82
言内の意味　3, 6, 10, 11, 21, 23,
　24, 26, 28, 30-33, 39, 42,
　44-46, 48, 49, 57, 61, 63, 73,
　81, 83, 84, 88-93, 96-98, 102,
　106
　　言内の意味ではない意味　26
　　言内の意味と慣用的な言外の意
　　　味との境界　32
　　言内の意味と言外の意味との境
　　　界(線)　23, 28, 32
　　言内の意味と結びついている度
　　　合い　31
　　言内の意味の計算　122
　　言内の意味の否定　85
　　言内の意味プラス言外の意味
　　　48
言内の言語形式　122-124, 126
言内の非通常的意味　32
厳密下位範疇化制限　110, 114,
　124
語
　　語・句・節・文　123
　　語の意味　98
　　語の内部構造　117, 119
構造上のあいまい性 (construc-
　tional ambiguity)　74, 75
公理　50
国語辞典　91
誇張(法) (hyperbole)　108
国境　121, 122, 124
固定化　31
誤訳　112
語用論的装置　52
コンテクスト　12, 13, 15, 16,
　20-22

[さ行]

作題ミス　89, 90
誘われている　25, 30
3フィートライン　58, 72, 73, 76
色彩語　120, 122
思考様式　14, 136
指示条件 (denotative condi-
　tions)　98, 99, 102, 106
辞書　20, 21, 31, 39, 123
自然言語　52
質　50
辞典　79
詩の世界　133
社会的慣用性　40
修辞 (rhetoric)　107

修辞学　88, 107
　　修辞学用語　108
修辞的（rhetorical）　107
修辞法　91
自由幅　21, 22, 58, 64, 135
主語　133
　　主語の人称　39
首尾一貫性（coherence）　13-15
純粋自動詞　16
上位語（superordinate）　116, 121
上下関係　120
条件の集合　98
情報　71
情報量　15, 50, 61, 63, 80, 121
叙実性　37
叙実的（factive）　26
叙実的述語（factive predicate）　28, 36, 39
真実　50, 53, 72
深層構造　2
推薦状　60-62, 72
推論　25, 29, 30
スペード　48
先決条件　102
選択制限（selectional restriction）　13, 106, 107, 110, 111, 124, 126, 132, 135, 136
選択制限違反　106, 108, 109, 112, 114, 128, 130-132, 134
前提　36
測定方式　10
袖にする　124

袖をしぼる　124
存在しないこと　102

[た行]

対照強調　121
対人関係　38
単語の分布　110
談話　14, 55
　　談話の流れ　14
地球上の住人　38
直接的な表現　44
直訳　122, 123
通常である意味　22, 23
通常であるほうの意味　13
通常的意味　32
通常でない意味　13, 21-23
通常でない意味値　16
通常の対人関係　45
通常はもっていない意味　10, 11
つながり　22, 23, 32
定義的（な）文脈（defining context）　20, 21
定項（constant）　8
定式化　47, 58
丁寧な言い方　46
丁寧な表現　44, 49
定表現　99
適格性　120
適格文　118
適切な応答　84
適切な脈絡　111, 112, 114
出来損ない　89, 91, 116

統語的な制限　110
同語反復　63
　　同語反復的表現　64
撞着語法 (oxymoron)　108
トートロジー (tautology)　63
遠回り　89
特殊な語　116
特定の形式　79, 81
特定の言語形式　39, 48, 49
特定の語彙形式　40
とんちんかん　66
　　とんちんかんな応答　57

[な行]

内部構造　118
逃げ道　49
日本語　　39, 41, 57, 66, 91, 93, 111, 112, 115, 122–125

[は行]

発話　79–81, 84, 99, 106
話し手の立場　4
場面　34, 39, 83, 129
　　場面と結びついている度合い　31
パラグラフ　123
万国共通　133
　　万国共通の作法　41
パンチ力　121
非慣用的言外の意味　34, 37, 39, 40, 79

非慣用的である度合い　48
非叙実的述語 (non-factive predicate)　28
必要十分条件　109
必要条件　130
皮肉 (irony)　22, 46–48, 84
非文法的な文　110
比喩的　90
比喩的に (metaphorically)　106
標準 (norm) からの逸脱　64
非容認性　119
表面構造　2
品詞の転用　110
不確定性 (indeterminacy)　47, 48
不確定部分　92
不可欠の条件　101
不定詞の用法　34
不適切　38
ふところが暖かい　124
不文法　125
普遍的概念　93
不明確さ (vagueness)　74
文の意味解釈　12
文法関係　2
文脈　28, 34, 71, 73, 79
分類的階層　121
変形(生成)文法　13, 106
翻訳　123

[ま行]

紛れなく　50, 71, 74

まことしやか　53, 54
未処理項　14
無内容　83, 106
　　無内容の発話　82
命令的表現　41
メタファー　　22, 23, 46-48, 72, 88, 90-94, 96-103, 107-109, 111, 112, 114-117, 119, 121, 123, 124, 126, 128-132, 135
　　メタファー解法　96, 101
　　メタファー解法の第一段階　122
　　メタファー解法の第一段階に不可欠な要素　106
　　メタファー解法の第二段階　121
　　メタファーのアイコン説　100
　　メタファーの香り　121
　　メタファーの世界　132, 134
　　メタファーの存在・非存在　103
　　メタファー論　100, 101, 109, 110, 114, 116, 130
　　メタファー論者　112
　　生きたままのメタファー　131
　　生きのよいメタファー　136
　　生きの悪いメタファー　93
目的語　133
目的節　28, 36, 37

[や行]

有意味的　42

有限の幅　49
ゆとり　48
よい辞書　21
様式　50, 74
　　様式化　31, 72
容認可能　117-119, 121, 123
余剰性（redundancy）　15
予測性　15, 17, 21
予測値　16, 20, 23

[ら行]

量　50
連語（collocation）　119

[わ行]

話者の意図（intention）　4, 5
話題　55

[英語]

a＋名詞　81
addax　116
air　135
animal　116
bachelor girl, a　111
black lie　122
blue whale, a　116
break　135
can　82
clouds, the　134
crack　135

索　引　147

crowd, the　134
disperse　134
dissimulate　54
drip　135
electric chair　125
faith　118, 119
finback　116
flicker　117–119, 134
float　135
fox　94, 116
glimmer　119
green ears　111, 115
Grice 式計算法　47, 49
Grice 式言外の意味計算法　33
have　39
have a green thumb　111
have green fingers　120
hope　118, 119
house　135
know　28, 39
love　106
mammal　116
may　39
good at swimming …　60
my love　75
my + 名詞　81
orphan　21
own　133
ox　94
pencil　94
pig　116
play　132
please　39

polite discourtesy（慇懃無礼）
　108
quiver　117
rat　116
red agitators　120
roar　135
rock　94, 117, 129
roll　117
sang　78
shake　117
simulate　54
speak　82
stab　134
sterilize　90
stone　94
stunt　90
taxi　94
that never told can be　76
the + 名詞　81
think　28
thousand pities, a（遺憾千万）
　108
tremble　117
unwritten code　125
waver　119
weevil　116
whale　116
white（coffee）　125
white lie　122
white people　125
white wine　125
woman　79, 80

人　名

太田　朗　28

Alston, W. P.　96, 100, 101
Bickerton, D.　109, 120
Blake　75, 76
Chomsky, N.　29, 37, 39, 106, 108, 110
Cohen, L. J.　26, 52
Cohen, L. J. and A. Margalit　23
Fillmore, C.　24
Fowler, H. W.　90
Fraser, B.　60
Geis, M. L. and A. M. Zwicky　25
Grice, H. P.　6-8, 47, 49, 50, 52, 53, 55, 56, 60, 61, 63, 65, 66, 71-73, 75, 78, 79, 81, 84, 88, 101
Henle, P.　100
Householder, F. W.　47
Larkin, D.　83, 84
Lehrer, A.　63
Matthews, R. J.　88, 109-112, 114, 124, 128-130
Quirk, R. and S. Greenbaum　29, 32
Reddy, M. J.　101, 102, 109, 135
Ruhl, C.　40
Thomas, O.　130
Winter, W.　121
Ziff, P.　5-8, 11-13, 15, 22

安井 稔 (やすい みのる)

1921年,静岡県生まれ。1944年,東京文理科大学英語学英文学卒業。東京教育大学教授,東北大学教授,筑波大学教授,芦屋大学教授,静岡精華短期大学学長を歴任。現在,東北大学名誉教授,文学博士。

主な著書:『英語学研究』(1960), *Consonant Patterning in English* (1962)［以上,研究社］,『構造言語学の輪郭』(1963),『英語学の世界』(1974),『新しい聞き手の文法』(1978)［以上,大修館］,『英文法総覧』(1982, 1996〈改訂版〉),『英語学概論』(1987),『英語学史』(1988),『納得のゆく英文解釈』(1995),『英語学を考える』(2001),『仕事場の英語学』(2004)［以上,開拓社］,など。ほかに,翻訳書,編著が多数ある。

新版　言外の意味（上）　　　〈開拓社 言語・文化選書 1〉

2007年10月25日　第1版第1刷発行

著作者　　安井　稔
発行者　　長沼　芳子
印刷所　　日之出印刷株式会社

発行所　　株式会社　開　拓　社
〒113-0023 東京都文京区向丘 1-5-2
電話　(03) 5842-8900（代表）
振替　00160-8-39587
http://www.kaitakusha.co.jp

© 2007 Minoru Yasui　　　　ISBN978-4-7589-2501-3　C1380

®〈日本複写権センター委託出版物〉
本書を無断で複写複製（コピー）することは,著作権法上での例外を除き,禁じられています.複写を希望される場合は,日本複写権センター(03-3401-2382)にご連絡ください.